Battenberg Antiquitäten-Kataloge

Steinzeug

Battenberg Antiquitäten-Kataloge

STEINZEUG

von Konrad Strauss
und Frieder Aichele

Battenberg Verlag München

6pu 1982

Umschlagbild:

Apostelhumpen mit rundem Wappenfeld auf der Schauseite.
Mit bunten Emailfarben bemalt.
Creußen, datiert 1662. Höhe 17,5 cm
Zinnmontierung mit graviertem Deckel. Privatbesitz.
(Foto: Himpsl, München).

Frontispiz:

Bartmannskrug. Köln, Mitte 16. Jh., Höhe 19,5 cm.
Slg. Oesterle, München
Siehe Katalog-Nr. 29
(Foto: Arand, Haar)

CIP-Kurztitelaufnahme der Deutschen Bibliothek

Steinzeug

von Konrad Strauss u. Frieder Aichele. — München: Battenberg, 1980.
(Battenberg-Antiquitäten-Kataloge)
ISBN 3-87045-171-8
NE: Strauss, Konrad [Hrsg.]

© 1980 by Battenberg Verlag, München
Reproduktionen: Repro-Center Färber, München
Satz und Technik: Herbert Tausend, Puchheim
Druck: Offizin Chr. Scheufele, Stuttgart
Einband: Verlagsbuchbinderei Klotz, Augsburg
Layout: Walter Lachenmann, Buchendorf
Printed in Germany

Inhaltsverzeichnis

696.

689.

698.

694.

690.

695.

683.

684.

693.

6

Vorwort

Dr. Konrad Strauss hatte im Herbst 1977 mit den Vorarbeiten zu diesem Stein-
zeug-Katalog begonnen. Als einer der besten Kenner europäischer Keramik
und unermüdlicher Forscher, seit dem Ende des ersten Weltkrieges durch
zahlreiche Schriften zur Geschichte der Töpferei und Kachelkunst hervorge-
treten, konnte er auf umfangreiches, in Jahrzehnten gesammeltes Bildmaterial
zurückgreifen. Da Dr. Strauss als einer der renommiertesten deutschen
Kunsthändler zu den wichtigsten Häusern der Branche jahrzehntelange Be-
ziehungen gepflegt hatte, stellten ihm Händlerkollegen und Auktionatoren
gerne weiteres Fotomaterial zur Verfügung. Die Schwerpunkte des zusam-
mengestellten Materials lagen dabei naturgemäß beim Steinzeug Schlesiens
und der Lausitz, zu dessen Erforschung er nach 1920 die Pionierarbeit leistete,
und bei den emailbemalten Creußener und Annaberger Arbeiten, von denen
er einige der schönsten Exemplare besessen und verkauft hatte. Im Juni 1978
starb Dr. Konrad Strauss. Er hinterließ den fast vollständigen Abbildungsteil
zu diesem Band und Entwürfe für die wichtigsten Textabschnitte. Das Bestre-
ben bei der Herausgabe des Katalogs war, diesen Band im Sinn von Dr. Strauss
fertigzustellen. Der Bildteil wurde dort erweitert, wo noch Lücken waren (besonders beim rheinischen Steinzeug), die Wertangaben mußten – der Markt-
lage entsprechend – nach oben korrigiert werden. Schließlich wurden im Text
noch die neuesten Forschungen berücksichtigt, vor allem die grundlegenden
Untersuchungen von Josef Horschik, die in dem Band »Steinzeug« veröffent-
licht wurden, dessen Entstehen Dr. Strauss verfolgte und dessen Erscheinen er
leider nicht mehr erlebte.

F. A.

Einführung in das Sammelgebiet

Steinzeug als Keramikgattung

Steinzeug wird aus Tonen geformt, die im Brand bei hohen Temperaturen von 1 200 bis 1 300 ^{0} C sintern und dadurch für Flüssigkeiten undurchlässig werden. Der farbige – meist graue oder braune – Scherben ist gegenüber den meisten Säuren unempfindlich, außerdem ist er sehr hart: er läßt sich mit Stahl nicht ritzen. Häufig erhält Steinzeug im Brand noch einen glänzenden, glasartigen Überzug, die Salzglasur.

Durch diese Eigenschaften unterscheidet sich das Steinzeug von den anderen Keramikgattungen. *Irdenware* oder *Hafnerkeramik* wird bei niedrigeren Temperaturen (bei ca. 800 ^{0} C) gebrannt. Der Scherben sintert dabei nicht und benötigt einen Überzug in Form einer Glasur, um wasserdicht zu werden. Durch eine Härteprobe läßt sich im Zweifelsfall entscheiden, ob der Scherben eines Gefäßes gesintert ist oder nicht: bei der Irdenware läßt sich der Scherben mit Stahl ankratzen. Bei *Fayencen* wird der vorgebrannte irdene Scherben mit einer undurchsichtigen Zinnglasur überschmolzen. *Steingut* hat einen weißen, porösen Scherben, der in einem zweiten Brand eine durchsichtige, meist bleihaltige Glasur erhält. Im späten 19. Jahrhundert wurde teilweise auch für Steinzeug der Begriff »Steingut« verwendet. Diese irreführende Bezeichnung ist bis heute noch manchmal zu finden.

Lange bevor es in Europa gelang, Porzellan herzustellen, und vor der Verbreitung der Fayencen hatten sich in Deutschland Erzeugnisse aus Steinzeug in den verschiedensten Verwendungsbereichen bewährt. Wegen seiner Säurefestigkeit war Steinzeug das geeignete Material, aus dem Gefäße für Apotheken und Laboratorien hergestellt wurden. Hauptsächlich aber wurden Trink- und Schenkgefäße für Bier und Wein getöpfert. Hierfür eignete sich Steinzeug ebenfalls besonders gut, da es sich als widerstandsfähig erwies und sich die Getränke in ihm lange frisch halten. Ungeeignet ist der Steinzeugscherben dagegen für jeden Gebrauch, bei dem er schnellen Temperaturwechseln ausgesetzt wird, da er dabei leicht springt. Töpfe für den Herd beispielsweise wurden vom Hafner und nicht vom Steinzeugtöpfer geliefert. Auch für Heißgetränke wie

Irdenware (Hafnerkeramik): Kanne mit eingeritzten Ornamenten und Datierung 1864, Höhe 29 cm. Der poröse, rötliche Scherben wird von einer hellgelben Bleiglasur bedeckt. Bei Steinzeug ist der Ritzdekor meist tiefer eingeschnitten und die Zeichnung wirkt härter und feiner.

Fayence (oben):
Birnkrug der Manufaktur Durlach, datiert 1763, Höhe 23 cm. Der Krug hat eine weiße, für Fayencen charakteristische, Zinnglasur. Der Dekor (mit Darstellung eines Töpfers an der Scheibe) wurde mit Scharffeuerfarben auf die ungebrannte Glasur gemalt.

Steingut (rechts):
Teller der Manufaktur Zell mit Ansicht der »Steingut - Fabrick«, um 1825, Ø 21 cm. Der Dekor wurde im Umdruckverfahren unter einer transparenten Bleiglasur angebracht.

Die Fotos dieser beiden Seiten stammen von Dr. Nagel, Stuttgart.

Kaffee und Tee ist Steinzeug (mit Ausnahme der Bunzlauer Ware) nicht besonders geeignet. Hierfür erwies sich Porzellan als das bessere Material.
Die Herstellung von Steinzeug war von entsprechenden Tonvorkommen abhängig. Abgesehen von den im Katalogteil beschriebenen Zentren der Steinzeugherstellung wurde in Europa auch in Werkstätten in England, Nordfrankreich, Südholland und Belgien Steinzeug getöpfert. Rheinisches Steinzeug erfuhr schon im 16. Jahrhundert große Wertschätzung und wurde in verschiedene europäische Länder exportiert. In der früheren Literatur wurde rheinisches Steinzeug oft als »Grès de Flandre« (grès = französisch: Steinzeug) oder »Flandrisches Steingut« bezeichnet. Da in Belgien und in den Niederlanden besonders viele derartige Stücke zu finden waren, wurde auch deren Ursprung aus diesen Ländern vermutet. Die englische Bezeichnung für Steinzeug ist »stoneware«. In Amerika ist der Begriff »Stein« geläufig. Er bezeichnet den – typisch deutschen – Bierkrug aus Steinzeug.

Der Steinzeugton

Bei der Steinzeugherstellung war man auf Tone mit bestimmten Eigenschaften
angewiesen, die nur in begrenztem Umfang zur Verfügung standen. Dort wo
sie gefunden wurden, bildeten sie meist die Grundlage für das Aufblühen von
Töpferzentren. Geeignete Tone sind durch Verwitterung von Silikatgesteinen
entstanden und enthalten als Hauptbestandteile Feldspat und Quarz. Feldspat
schmilzt im Brand und bewirkt die Sinterung des Scherbens. Der Sinterungs-
punkt muß bei Steinzeugtonen wesentlich unter dem Schmelzpunkt liegen.
Dadurch ist es möglich, die Gefäße so stark zu erhitzen, daß zwischen 1100
und 1350 °C die vollständige Sinterung eintritt, die bei niedrigeren Temperaturen überhaupt nicht oder nur an der Oberfläche stattfindet, während ein Erwei-
chen und Verformen erst bei Temperaturen zwischen 1400 und 1600 °C zu be-
fürchten ist. Außerdem müssen Steinzeugtone feinkörnig und plastisch, also
leicht formbar sein. Hochplastische, reine Tone werden als fett bezeichnet,
zähes, grobkörniges Material gilt als mager. Da fette Tone stärker wasserhaltig
sind, neigen sie dazu, schon beim Trocknen oder dann beim Brand zu reißen.
Deshalb war es oft nötig, sie zu »magern«, indem man sie mit mageren Tonar-
ten mischte oder Sand beimengte. Die Töpfer verwendeten teilweise für verschiedene Gefäßtypen unterschiedliche Tonmischungen, es kam auch vor, daß
für bestimmte Gefäßteile besonderes Material gebraucht wurde. Ein Charakte-
ristikum der frühen Altenburger Steinzeugarbeiten beispielsweise ist die Verwendung von durch Sandbeimengung gemagertem Ton für die Henkel, während die Gefäßkörper aus feinem, fettem Ton gedreht wurden.

Der Abbau des Tons

Die Töpfer sorgten meist selbst für die Gewinnung des Tons. Teilweise konnte
er im Tagebau abgebaut werden, häufig mußten allerdings Gruben angelegt
werden, die oft bis zu 20 m tief waren. Da eine einzelne Werkstatt die dafür nötigen Arbeiten und Einrichtungen nicht allein aufbringen konnte, schlossen
sich die Töpfer eines Ortes zusammen und betrieben den Abbau des Tons ge-
meinsam.
Jeder Töpfer hatte neben seiner Werkstatt eine Grube, in der er seinen Vorrat
an Ton einlagerte. Den frisch geschürften Ton ließ man meist ein Jahr lang

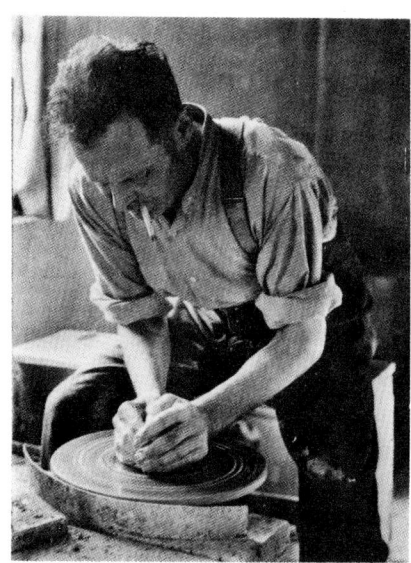

Der Steinzeugtöpfer Victor Wingerter in Oberbetschdorf im Elsaß an der Töpferscheibe.

»auswintern« und im Sommer austrocknen. Dabei zersetzten sich seine organischen Bestandteile. Bevor er verarbeitet werden konnte, mußte der Ton noch weiter aufgearbeitet werden. Zunächst wurde er einem Schlämmverfahren unterzogen, um noch vorhandene Steine und Wurzeln zu entfernen. Nachdem sich die Masse in einem Bottich abgesetzt hatte, wurde sie gewalgt, damit sie homogen und knetbar wurde. Jetzt konnten auch die verschiedenen Tonsorten im gewünschten Verhältnis gemischt und dann bis zur Verwendung gelagert werden.

Die Töpferarbeit

Steinzeug wurde seit dem 15. Jahrhundert – wie andere Töpferwaren – auf der Töpferscheibe aufgedreht. Die Töpferscheibe wurde seit dem 16. Jahrhundert meist von einem großen Schwungrad angetrieben, das, einmal in Schwung gebracht, sich so lange drehte wie die Herstellung eines Gefäßes dauerte. Der Töpfer schnitt mit der Ziehklinge einen Tonklumpen ab, der für das anzufertigende Stück ausreichte, und drückte ihn auf der Mitte des Scheibenkopfes fest. Bei der schnellen Drehung der Scheibe wurde das Gefäß hochgezogen, wobei der Töpfer die Hände ständig mit Wasser benetzt hielt. Durch entsprechenden Druck mit einer Hand im Inneren und Gegendruck der anderen Hand wurden die Gefäße in die gewünschte Form gebracht. Mit Formhölzern wurde meist die Wandung noch geglättet und Profilierungen fein herausgearbeitet. Der fertige Gefäßkörper wurde nun mit einem Draht von der Scheibe abgetrennt und zum Trocknen auf ein Brett gestellt. An das »lederhart« getrocknete Gefäß, das nun nicht mehr so druckempfindlich war, wurden dann – soweit vorgesehen – Henkel und Tüllen angebracht. In diesem Zustand erhielt es auch seinen Dekor in Form von Ritzzeichnungen, Stempeln oder Reliefauflagen.

Dekorationsarten

In der Anfangszeit der Steinzeugtöpferei ist bei den Ziertechniken noch die Tradition der Irdentöpferei bemerkbar. Bei den Arbeiten des 15. Jahrhunderts sind die Wandungen fast ausschließlich durch Rillen aufgelockert, vereinzelt kommen auch mit Rollstempeln eingedrückte Borten vor. Die frei geformten Reliefornamente der Gesichtskrüge des 16. Jahrhunderts wurden von einfachen, eingeschnittenen und eingedrückten Motiven begleitet. Trichterhalskrüge erhielten in Siegburg im 15./16. Jahrhundert eingeschnittene Pflanzenmuster, bei doppelwandigen Gefäßen wurden mit dem Messer durchbrochene Rosetten eingeschnitten. Im 17. Jahrhundert waren in Altenburg einfache Sternmotive – teilweise ebenfalls durchbrochen – als eingeritzte oder eingeschnittene Ornamente üblich.

Stempel wurden aus Holz geschnitzt. Mit ihnen wurden einfache Ornamente wie Ringe, kleine Rosetten und Sterne, aber auch größere Blatt- oder Blütenmotive eingedrückt. Stempeldekor ist in Raeren und Siegburg schon im späten 16. Jahrhundert, später häufig im Westerwald zu beobachten. Meist treten Stempelmuster aber nur als Nebenornamente zwischen anderen Dekorelementen auf. Weitere einfache Ziertechniken, die ebenfalls meist nur als begleitende Motive auftreten, sind: mit gekehlten Holzstäbchen ausgearbeitete Kannelierungen und kleine Rauten- oder Schachbrettmuster, die mit kleinen, kreuzweise geführten Holzkämmen gebildet wurden. Manchmal wurde die Wandung auch nur aufgelockert, indem man mit spitzen Hölzern kleine, nebeneinanderliegende Löcher einstach.

Ebenfalls schon seit dem 16. Jahrhundert kommt *Kerbschnitt* vor, der in Raeren, Siegburg und im Westerwald meist kleinere Zonen wie z. B. die Gefäß-Schultern bedeckt, während damit in Creußen und bei sächsischem Steinzeug oft die ganzen Wandungen geschmückt sind. Der netzartige Kerbschnittdekor wurde, wie Horschik (J. Horschik, *Steinzeug,* S. 34) nachweist – zumindest teilweise – mit der »Töpferschlinge« angebracht, einem kleinen Werkzeug, das aus einem gebogenen Draht besteht, der an einem Holzgriff angebracht ist.

Die Möglichkeit der freien Gestaltung verschiedenster Dekormotive bot die *Ritztechnik,* die zu einer für das Steinzeug besonders typischen Art der Verzierung wurde. Zunächst wurden in Raeren und im Westerwald am Ende des 17. Jahrhunderts schwungvolle Ranken, die mit aufgelegten Blättern und Blüten belegt wurden, eingeritzt. Mit dem »Redholz« aus Bambus oder Buchsbaum-

Humpen mit Steinzeugdeckel,
Westerwald, 18. Jh., Höhe 18,5 cm. *Aufgelegte* Perlbänder und
Weinranken umranden *eingeritzte* Blattranken. Die verstreu-
ten kleinen Kreise und die Herzornamente auf dem Deckel
sind *gestempelt*. Außerdem ist der Humpen mit Kobaltblau
und sparsam verwendetem Manganviolett *bemalt*. Dekoration
von Deckel und Wandung sind aufeinander abgestimmt.
(Steinzeugdeckel kommen bei Humpen nur selten vor).
(Privatbesitz).

Birnkrug mit Emailbemalung,
Freiberg, Ende 17. Jh., Höhe 21,5 cm. Das feine Netzwerk und
die großen Blattornamente sind *eingeschnitten*. Weitere Dekor-
elemente sind die kleinen *aufgelegten* Engelsköpfe und kleine
gestempelte Lilien, Blätter und Kreise. Der Krug ist mit bunten
Emailfarben *bemalt* und teilweise *vergoldet*. Die Rosetten auf
der Wandungsmitte zeigen sogenannte *Federmalerei*. – Gravierter Zinndeckel.
(Museum für Kunst und Gewerbe, Hamburg).

holz wurden später beliebige Zeichnungen – vor allem mit Pflanzen- und Tier-
motiven – in den lederhart getrockneten Ton geritzt. Die Redtechnik war im
18. und 19. Jahrhundert im Westerwald die wichtigste Ziertechnik. Bei besonders reich dekorierten Arbeiten wurde sie mit anderen Verfahren kombiniert.
Nicht selten kommen auf demselben Krug geritzte, gestempelte und aufgelegte
Ornamente vor. Auch in Muskau wurden schon im späten 17. Jahrhundert
Steinzeugarbeiten mit geritzten, meist floralen Ornamenten versehen. Im
18. und 19. Jahrhundert kommt geritzter Dekor auch häufig in Sachsen (z. B.
Waldenburg) vor. Die Ritztechnik erwies sich von Anfang an als günstig in Ver-
bindung mit der teilweisen Bemalung von Steinzeug, da die eingeschnittenen
Rillen und Grate das Auslaufen der Farbe aus den bemalten Flächen verhin-
derten.

Im Westerwald wurde im 18. Jahrhundert auch die *Knibistechnik* entwickelt.
Mit einem breiten, keilförmig zugeschnittenen Holz wurden mit wackelnden
Bewegungen Zickzacklinien eingedrückt, die meist geritzte und bemalte Ranken umranden. Mit dem Knibisholz wurden auch fächerartige Blätter und
kreisrunde Blüten gestaltet. Die Knibisornamente blieben stets unbemalt.

*Birnkanne mit fächerförmigen Blüten
und zwei Zickzackbändern in Knibistechnik.*

Die kunstvollsten Verzierungen wurden mit *Reliefauflagen* geschaffen. In
Köln, Raeren und Siegburg entwickelte sich aus einfachen, kleinen Rundaufla-
gen, die zunächst Münzen nachgebildet wurden, die prächtige Reliefzier der
Bartmannskrüge, Schnellen, Bilderkrüge und Prunkkannen des 16. Jahrhunderts. Die Tradition von Siegburg und Raeren wurde im Westerwald fortgesetzt, wo bis im 18. Jahrhundert einfacher werdender Reliefdekor aufgelegt
wurde. Berühmt für ihre mit Reliefs verzierten Arbeiten wurden auch die Steinzeugtöpfer von Waldenburg, Creußen und Annaberg.

Die Reliefauflagen wurden aus Tonmatrizen geformt, in die Ornamente im
Negativ eingedrückt waren. Formschneider – häufig waren es die Töpfer selbst
– fertigten zunächst Matrizen aus Stein oder Holz an, die man nun beliebig oft
in Ton ausformen konnte. Die so gewonnenen Patrizen dienten zur Herstellung der Matrizen, die in der Werkstatt zur Ausformung der Auflagen verwendet wurden. Die Formschneider benützten oft graphische Vorlagen zur Gestaltung der kunstvollen Reliefs, die sie in die Matrizen einschnitten. Der Bestand
an Matrizen gehörte zum wertvollsten Besitz der Werkstätten. Töpfer, die von
Siegburg und Raeren in den Westerwald zuwanderten, brachten ihre Model
mit. Die Arbeiten bekannter Meister wurden oft nachgeahmt, manchmal wurden die Auflagen kopiert, indem sie einfach in Ton abgeformt wurden. Das Anbringen der Auflagen an die vorgetrockneten Gefäße erforderte einige Ge-

14

Reliefdekor: Sogenannter Pelikanfries eines Raerener Kruges.

schicklichkeit. Sie wurden mit verdünntem Ton befestigt. Wo dies nicht sorgfältig geschah, platzten oft Teile des Reliefs schon im Brand ab. Risse bildeten sich, wenn für die Auflagen ungeeignetes Material verwendet wurde. Meist wurden für die Auflagen gleiche Tonsorten verwendet wie für das Gefäß selbst. Eine Kontrastwirkung zwischen den aufgelegten Ornamenten und dem Grund erzielten die Bunzlauer Töpfer im 18. Jahrhundert, indem sie die Reliefzier aus unglasiertem, weißen Ton auf den braun glasierten Gefäßen anbrachten.

Eine eigene Technik des aufgelegten Dekors entwickelten die Altenburger Töpfer. Neben kleinen, aus Matrizen geformten Reliefornamten brachten sie mit einem Röhrchen Reihen von aneinandergesetzten Tonperlen auf den Krügen an. Die Perlen heben sich meist weiß vom gelbbraunen Grund ab. In Muskau dienten Quarzsplitter oder kleine Kieselsteine zur Verzierung, indem sie als Umrandungen von Ornamenten in die Wandung eingedrückt und mitgebrannt wurden.

Wie bei anderen Keramikarten bot sich auch beim Steinzeug die Möglichkeit an, die Erzeugnisse farbig zu dekorieren. Allerdings standen nur wenige Farben zur Verfügung, die den hohen Temperaturen des Sinterbrandes widerstanden. *Engoben* aus Lehmbrei wurden im 16. Jahrhundert in Köln und Raeren angebracht, um eine gleichmäßig braune Oberflächenfärbung zu erzielen. In Annaberg war die Braunsteinengobe nötig, um den Scherben wasserdicht zu machen. Das gleiche gilt für die Lehmglasur der Bunzlauer Ware. Mit schwarzbraun brennendem Lehm wurden – beispielsweise bei den frühen Creußener Arbeiten – die Reliefauflagen engobiert, die sich dadurch vom helleren Grund abhoben. In Muskau wurden die eingeritzten und aufgelegten Ornamente ebenfalls mit schwarzbraunem Lehm engobiert.

Die *Bemalung* mit Kobaltblau wurde zuerst in Köln und Raeren im 16. Jahrhundert durchgeführt. Die vor dem Brand aufgetragene Farbe kam allerdings bei den braunen Gefäßen, die sie anfangs zierte, nicht richtig zur Geltung. Erst als in Raeren graues Steinzeug gebrannt werden konnte, setzte sich die Blaubemalung rasch durch und wurde später zum charakteristischen Dekorelement des Westerwälder Steinzeugs. Als zweite Farbe kam bald danach Manganviolett hinzu. Während mit diesen beiden Scharffeuerfarben in Muskau ebenfalls das grau gebrannte Steinzeug bemalt wurde, erzielten die Töpfer in Waldenburg, Zeitz und Bürgel Blaufärbung dadurch, daß sie das Brenngut im Ofen mit Kobaltsmalte bewarfen. Mit Kobalt konnten auch Lehmglasuren eingefärbt werden. Dieses Verfahren ist in Bunzlau nachweisbar.

Eine Möglichkeit, dem Steinzeug besondere Farbigkeit zu verleihen, bestand in der Bemalung mit *Emailfarben*. Diese Farben, die eine breite Palette umfaßten, mußten allerdings in einem zweiten Brand bei Temperaturen bis 800 ^{0} C eingebrannt werden. Vermutlich wurden sie meist nicht von den Töpfern selbst, sondern von Emailmalern angebracht, die auch Gläser bemalten. In Creußen diente die Bemalung häufig dazu, die Reliefauflagen hervorzuheben. Emailmalerei kommt außerdem noch bei Freiberger und Altenburger, selten auch auf Muskauer Steinzeug vor. Geringe Bedeutung erlangte die kalte Bemalung, die nach dem Brand u. a. mit Ölfarben angebracht wurde, da sie wenig dauerhaft war.

Das Brennen

Vom guten Gelingen des letzten Arbeitsvorganges, dem Brennen, hing es ab, ob sich die wochenlange Mühe des Töpfers gelohnt hatte oder nicht. Öfen, in denen die für die Sinterung des Steinzeugs nötigen Temperaturen erreicht werden konnten, hatten die Töpfer im Laufe des Mittelalters entwickelt. Im 15. Jahrhundert konnte schon vollkommen gesintertes Steinzeug gebrannt werden. Die seit der Renaissance üblichen Öfen bestanden in der Regel aus einer langen, etwas ansteigenden, fest gemauerten Kammer mit gewölbter Decke. Am tiefer gelegenen Ende lag das Feuerungsloch, auf der anderen Schmalseite die Einstiegsöffnung zum Einfüllen des Brennguts. Unter der Kammer, die oft 6 bis 12 m Länge, 2 bis 3 m Breite und ungefähr 2 m Höhe hatte, verliefen Kanäle, aus denen die Flammen in den gefüllten Brennraum schlugen. Das Dach des Ofens hatte mehrere Luken, aus denen der Rauch abzog und in die beim Glasieren das Salz eingeschaufelt wurde.

Die an der Luft vollkommen getrockneten Töpferarbeiten wurden im Brennofen, der mehrere hundert einzelne Stücke aufnehmen konnte, übereinandergeschichtet. Damit sie nicht zusammenbacken konnten, wurden zwischen die einzelnen Arbeiten Tonplättchen gelegt. Nachdem der Ofen gefüllt war, wurde der Eingang zugemauert. Jetzt konnte das Feuern beginnen, zu dem enorme Mengen von Holz benötigt wurden. Der Brand dauerte mindestens drei Tage und mußte ununterbrochen beaufsichtigt werden. Anhand von Probestücken, die entnommen werden konnten, wurde der Verlauf des Brandes überwacht. Zunächst wurde die Temperatur nur langsam gesteigert, damit das im Ton noch vorhandene Wasser nicht zu schnell entwich und sich keine Risse bildeten. Schließlich wurde das Feuer so lange gesteigert, bis die Gefäße weißglühend waren und bei Temperaturen um 1300 ^{0} C »garten«.

Zu diesem Zeitpunkt der höchsten Erhitzung wurde durch die Luken zentnerweise Salz geschaufelt, damit sich die *Salzglasur* bilden konnte. Das verdampfende Kochsalz schlug sich als Natriumoxyd auf den glühenden, gesinterten Gefäßen nieder, verband sich an der Oberfläche des Scherbens mit dessen Bestandteilen und bildete einen glasartigen Überzug. Während des Glasierens entströmten dem Ofen Schwaden von Chlordämpfen, unter denen nicht nur die am Ofen beschäftigten Arbeiter, sondern auch die Bevölkerung zu leiden hatten.

Nach dem Salzen bestanden für die weitere Brandführung zwei Möglichkeiten. Sollte das Steinzeug eine helle Färbung der Oberfläche erhalten, wurde *reduzierend* verfahren. Die Luken des Ofens wurden dazu geschlossen und selbst das Feuerungsloch zugemauert. Dadurch wurden die Salzdämpfe in der Brennkammer gehalten, in die kein Sauerstoff eindringen konnte. Im Reduktionsbrand wurde erstmals in Raeren und später vor allem im Westerwald das graue Steinzeug hergestellt.

Um eine braune Glasur – wie bei den typischen Raerener Arbeiten – zu erzielen, wurde *oxydierend* weitergebrannt. Das Feuer wurde dabei nochmals angefacht. Die Salzdämpfe entwichen dadurch aus dem Ofen und die nachströmende Luft führte zur Oxydation der Eisenbestandteile der entstandenen Glasur und damit zur Braunfärbung der Oberfläche. Der Wechsel von Oxydations- zu Reduktionsbrand ist außer beim Raerener beispielsweise auch bei Altenburger Steinzeug zu beobachten. In Muskau ging man im 18. Jahrhundert vom reduzierenden wieder zum oxydierenden Brand über. Stellen, die während des Oxydationsvorgangs von der Luftzufuhr abgeschirmt waren, sind oft als graue Stellen auf dem sonst braunen Steinzeug geblieben. Häufig sind auf den Böden der Krüge »Brennflecke« sichtbar. Sie entstanden dadurch, daß die Bodenmitte vom Rand des darunter stehenden Gefäßes abgedeckt war und sich dort keine Salzglasur und Oxydation bilden konnte. Creußener Krüge beispielsweise haben auf dem Boden eine runde, graubraune Mittelzone, welche die stumpfe Scherbenfarbe zeigt, während sich am Rand die glänzende braune Salzglasur gebildet hat, die den Rest der Wandung bedeckt. Bei Kopien fehlt dieser Brennfleck meist.

Nach dem Brand mußte der Ofen drei Tage lang abkühlen, bevor die Brennkammer geöffnet werden konnte. Erst jetzt konnte der Töpfer feststellen, ob der Brand gelungen war.

 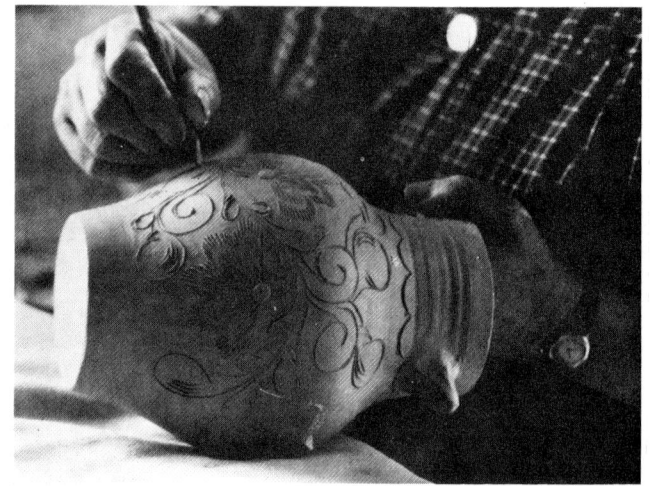

In der Werkstatt des Steinzeugtöpfers.

(Die Abbildungen dieser Seite und das Foto von Victor Wingerter auf Seite 11 entnahmen wir mit freundlicher Genehmigung des Konkordia-Verlags, Bühl, dem Band »Töpferei im Elsaß« von Lutz Röhrich und Gertraud Meinel.)

Oben links

Das Entstehen eines Kruges auf der Töpferscheibe. Beginn des Hochziehens der Gefäßwandung mit beiden Händen.

Unten links

Das Ausformen von Profilringen am Krugrand.

Oben rechts

Das Formen der Ausgußschnauze am Krugrand

Unten rechts

Das Einritzen von floralen Ornamenten mit dem »Redholz«.

F 2 Bartmannskrug.
Auf der Halsvorderseite aufgelegtes
Männergesicht mit welligem Bart.
Daneben zwei Bänder mit der Inschrift:
»AWCH GOT WE GERN ICH WISSEN
WOLT FWR WIEM ICH MICH HWEDEN
SWLT«.
Siegburg, um 1570, vermutlich Werk-
statt des Anno Knütgen.
Zinnmontierung mit Nürnberger Marke
(16. Jh.). Höhe 25,5 cm **über 15000,–**
Slg. Oesterle, München

Nachahmungen und Fälschungen

Stets hat man Kunstwerke und Antiquitäten, wenn sie gesucht und teuer waren, zu fälschen versucht. Dies gilt auch für Steinzeug. Allerdings wurden die Nachahmungen, von denen hier hauptsächlich die Rede ist, selten in betrügerischer Absicht hergestellt. Der Mißbrauch – die Täuschung des Sammlers – entsteht meist erst durch den unseriösen Händler, der Nachahmungen mit falschen Angaben anbietet oder sie zu Fälschungen macht, indem er sie – beispielsweise durch das Anbringen alter Zinndeckel – verändert.

In der zweiten Hälfte des 19. Jahrhunderts gab es erstmals ein großes Interesse für altes Steinzeug. Die Krüge und Kannen fügten sich gut in die mit geschnitzten Eichenmöbeln, Kassettendecken, Holzvertäfelungen und Kachelöfen ausstaffierten »altdeutschen« Räume der Gründerzeit ein. Die Nachfrage nach alter Keramik war enorm, und Steinzeug, das dem Zeitgeschmack mit seiner Vorliebe für den Renaissancestil entsprach, kam in Mode. Entsprechend der Nachfrage stiegen die Preise für das rheinische Steinzeug des 16. und 17. Jahrhunderts und auch für die emailbemalten Creußener und Annaberger Krüge. Da die Originale für viele zu teuer waren, wurden Nachbildungen alten Steinzeugs, die Kunsttöpfereien nun anboten, gerne als Ersatz gekauft. Es handelte sich keineswegs um Fälschungen, denn die Absicht des Betrugs hatten die Hersteller nicht. Kopien werden allerdings stets von gewissenlosen Händlern für ihre gewinnbringenden Geschäfte genutzt und so fand auch das zur Zeit des Historismus entstandene Steinzeug bald einen Platz im Antiquitätenhandel. Teilweise waren die damals entstandenen Nachahmungen getreue Kopien alten Steinzeugs, bei anderen Arbeiten ist ein deutlicher Einfluß des Zeitgeschmacks sichtbar. Schließlich entstanden auch reine Phantasiegebilde, die vor allem ihren dekorativen Zweck erfüllen sollten.

Da Steinzeug kaum Alterungserscheinungen unterliegt – viele Raerener Arbeiten des 16. Jahrhunderts sehen geradezu wie »neu« aus – ist es schwierig, die späteren Kopien von den Originalen zu unterscheiden. Außerdem sind viele Nachbildungen heute schon über 100 Jahre alt, also selbst schon zu Antiquitäten geworden. Sie weisen deshalb natürliche Gebrauchsspuren auf, in ihren Vertiefungen hat sich Staub abgesetzt und ihre Zinnmontierungen haben inzwischen eine Alterspatina erhalten. Technische Untersuchungsmethoden sind bis heute für Steinzeug nicht entwickelt, auch die Zusammensetzung des gebrannten Materials gibt oft wenig Aufschluß. Noch heute stehen im Westerwald oder in Siegburg ähnliche Tone zur Verfügung wie im 17. und 18. Jahrhundert. Auch Stilanalysen, die bei bemalter Keramik möglich sind – bei Fayencen und Porzellan haben die Kopien meist einen verräterischen Malstil –

scheiden bei Nachahmungen von reliefgeschmücktem Steinzeug aus, wenn die Auflagen genau abgeformt wurden oder gar alte Matrizen zur Verfügung standen. Manche Nachbildungen sind als solche leicht zu erkennen, da sie nicht auf der Töpferscheibe entstanden, sondern in Formen gedreht oder gegossen wurden und Nahtstellen aufweisen. Wurden aber die richtigen Techniken angewandt und auch bei der Materialauswahl keine Fehler gemacht, so konnte Steinzeug entstehen, dessen Altersbestimmung sehr schwierig ist. In den bisherigen Forschungen wurde daher vor allem versucht, die Hersteller von Nachahmungen und ihre Erzeugnisse zu ermitteln, so daß zumindest die eindeutig feststellbaren Kopien erkennbar werden.

In Siegburg stellte *Peter Löwenich* um 1830-40 schon Steinzeug in der alten Tradition her und imitierte die Originale des 16. und 17. Jahrhunderts. Seine Erzeugnisse sollen von guter Qualität sein, allerdings ist keine ihm mit Sicherheit zuzuschreibende Arbeit bekannt. In Raeren bemühte sich *Hubert Schiffer* um 1885, die alte Töpfertradition neu zu beleben. In seiner Kunsttöpferei entstanden zahlreiche verschiedene Nachahmungen der alten Raerener Arbeiten, darunter Bilderkrüge mit den bekannten Kurfürsten- und Bauerntanzfriesen, Stegkannen und Dreihenkelkrüge. Schiffer hielt sich nicht immer streng an die Vorbilder, sondern veränderte sie oft in Form und Dekor. Auch ließ er seine Gefäße zur Arbeitserleichterung in Formen drehen, so daß meist Nahtstellen sichtbar sind. Außerdem signierte er seine Arbeiten mit einem ligierten HS auf dem Boden. Allerdings wurde diese Marke von Fälschern oft herausgeschliffen oder überdeckt.

Als großer Hersteller von Keramik-Nachahmungen gilt die Firma *C. W. Fleischmann* in Nürnberg. Von ihr ist ein Verkaufskatalog von 1867 bekannt, der eine erstaunliche Auswahl an Steinzeug-Kopien illustriert. Vermutlich stellte die »Thonwarenfabrik« Fleischmann selbst kein Steinzeug her, sondern bezog es von verschiedenen Werkstätten. Die Abbildungen A-C sind einem kleinen Artikel mit dem Titel »Von alten Krügen« entnommen, der 1873 in der Zeitschrift »Daheim« erschien. Gezeigt werden dort Arbeiten der Firma *Merkelbach* in Grenzhausen, die damals »Gutes in stilvollen Krügen« leistete, wie es heißt. Die gleichen Krüge sind in den Katalogblättern von Fleischmann zu finden, allerdings jeweils mit Zinndeckeln versehen. Die Vermutung liegt nahe, daß Fleischmann hauptsächlich ein Handelsunternehmen betrieb, das seine Waren von verschiedenen Herstellern bezog. Zu den Lieferanten Fleischmanns dürfte auch die in dem »Daheim«-Artikel ebenfalls genannte Firma *Sältzer* in Eisenach zählen und später sicherlich *H. Schiffer,* denn das Angebot umfaßte nicht nur Steinzeug der Westerwälder Tradition, sondern auch ge-

Krüge von Merkelbach in Grenzhausen.

A   B   C

treue Kopien von Siegburger, Raerener, Creußener und Annaberger Steinzeug. Deshalb können die von Fleischmann vertriebenen Nachahmungen
nicht allgemein charakterisiert werden. Wie andere Kopien sind sie im Einzel-
fall vor allem an technischen Mängeln erkennbar (Nahtstellen, nicht gesinter-
tem Scherben; Glasuren, die bei Steinzeug nicht üblich sind) und an historisie-
renden Form- und Dekorelementen.
In dem ausführlichen Artikel »Steinzeug – Nachahmung, Nachbildung oder
Fälschung?« (Keramos, Heft 49, 1970, S. 3 - 66) von G. Reineking - von Bock
wurde erstmals umfassend auf die Steinzeug-Nachahmungen hingewiesen.
Manche der dort gemachten Feststellungen wurden inzwischen zurückge-
nommen, das dort veröffentlichte Bildmaterial (unter anderem sind die Kata-
logblätter von Fleischmann dort abgebildet) gibt zahlreiche Hinweise auf die
vorkommenden Nachahmungen. Die Frage nach der Echtheit eines Kruges
kann aber nicht allein deshalb verneint werden, weil ein ähnlicher Krug im
Fleischmann-Angebot zu finden ist, denn zu den Nachahmungen gibt es ja
auch die Originale. Abbildung D beispielsweise zeigt die Kopie eines Annaberger Birnkruges. Im Angebot von Fleischmann ist dieser Typ mit dem Damen-
brustbild zwischen Palmetten zu finden. Echte Krüge zeigen Abbildung E (mit

*Abb. A-C: Nachahmungen von Raerener
und Westerwälder Steinzeug des 17. und
18. Jahrhunderts. Grenzhausen, um
1870.*

Abb. D: Nachahmung eines Annaberger Birnkruges. Zweite Hälfte 19. Jh.

Abb. E: Annaberger Birnkrug, Ende 17. Jh.

Herrenbrustbild) und Abb. 248 im Katalogteil. Nach den Fotos läßt sich die Kopie kaum von den Originalen unterscheiden, allerdings offenbaren sich technische Mängel, wenn man sie in der Hand hält. Der Boden zeigt nicht den bei Annaberger Arbeiten üblichen »Brennfleck« und der Scherben ist weich, er läßt sich mit einer Münze ankratzen. Der Henkel ist für Annaberg zu dick.

Auch Ekkart Klinge befaßt sich in dem Band »Glas + Steinzeug, Original, Kopie oder Fälschung« (1979) in dem Kapitel über Steinzeug mit den Nachbildungen der Firma Fleischmann. Dort werden auch Kopien von Siegburger Schnellen gezeigt und außerdem »Creußener« Steinzeug aus dem 19. und 20. Jahrhundert.

Die begehrten, bunt bemalten Creußener Apostelkrüge wurden seit dem 19. Jahrhundert in verschiedenen Werkstätten nachgeahmt. Heute noch stellt in Creußen eine Kunsttöpferei gelungene Nachbildungen alter Creußener Arbeiten her und versieht sie mit dem Firmenzeichen, um dem Mißbrauch vorzubeugen. Da selbst diese Arbeiten heute schon manchmal auf Auktionen zu finden sind (oft vorsichtig als »19. Jahrhundert« deklariert), soll hier ein Teil des Angebots dieser Firma gezeigt werden (Abbildungen F-L). Die Nachahmungen der Creußener Krüge sind in der Regel relativ leicht zu erkennen.

Creußener Apostelkrug, Brautkrug von 1665
h 22 cm   ∅ 16 cm

F

G

H

I

Abb. F: Apostelkrug, 20. Jahrhundert

Abb. G: Creußener Apostelkrug, 20. Jh.

*Abb. H: Creußener Kurfürstenkrug,
20. Jh.*

*Abb. J: Jagdhumpen nach Annaberger
Vorbild, Creußen, 20. Jh.*

Häufig wurden sie in Formen gedreht. Sie sind auch im Vergleich zu den Originalen meist zu schwer (dickwandig), haben häufig einen nicht gesinterten
Scherben und keine Salzglasur, und auf der Bodenfläche fehlt der »Brennfleck«. Außerdem gelang es den Nachahmern selten, den barocken Charakter
der Inschriften zu treffen.

Abb. K: Schraubflasche, unbemalt,
20. Jh.

Abb. L: Creußener Planetenkrug, 20. Jh.

Abb. M: Apostelhumpen. Laut Auktions-
katalog »Creußen, 19. Jh.« (Vgl. Abb. F).

Abb. N: Apostelhumpen. Laut Auktions-
katalog »Creußen, 19. Jh.«. 19./20. Jh.

K

L

M

N

Seitdem eine enorme Nachfrage nach grauem, blau bemaltem Steinzeug mit
volkstümlich geritztem Dekor besteht, werden ab und zu einfache, neuzeit-
liche Steinzeugarbeiten als alte Westerwälder Stücke des 18. und 19. Jahrhunderts angeboten. Oft handelt es sich dabei um Steinzeug aus dem Elsaß, das
dort noch in handwerklicher Tradition hergestellt wird und unter falscher Bezeichnung auf den Antiquitätenmarkt gelangt.

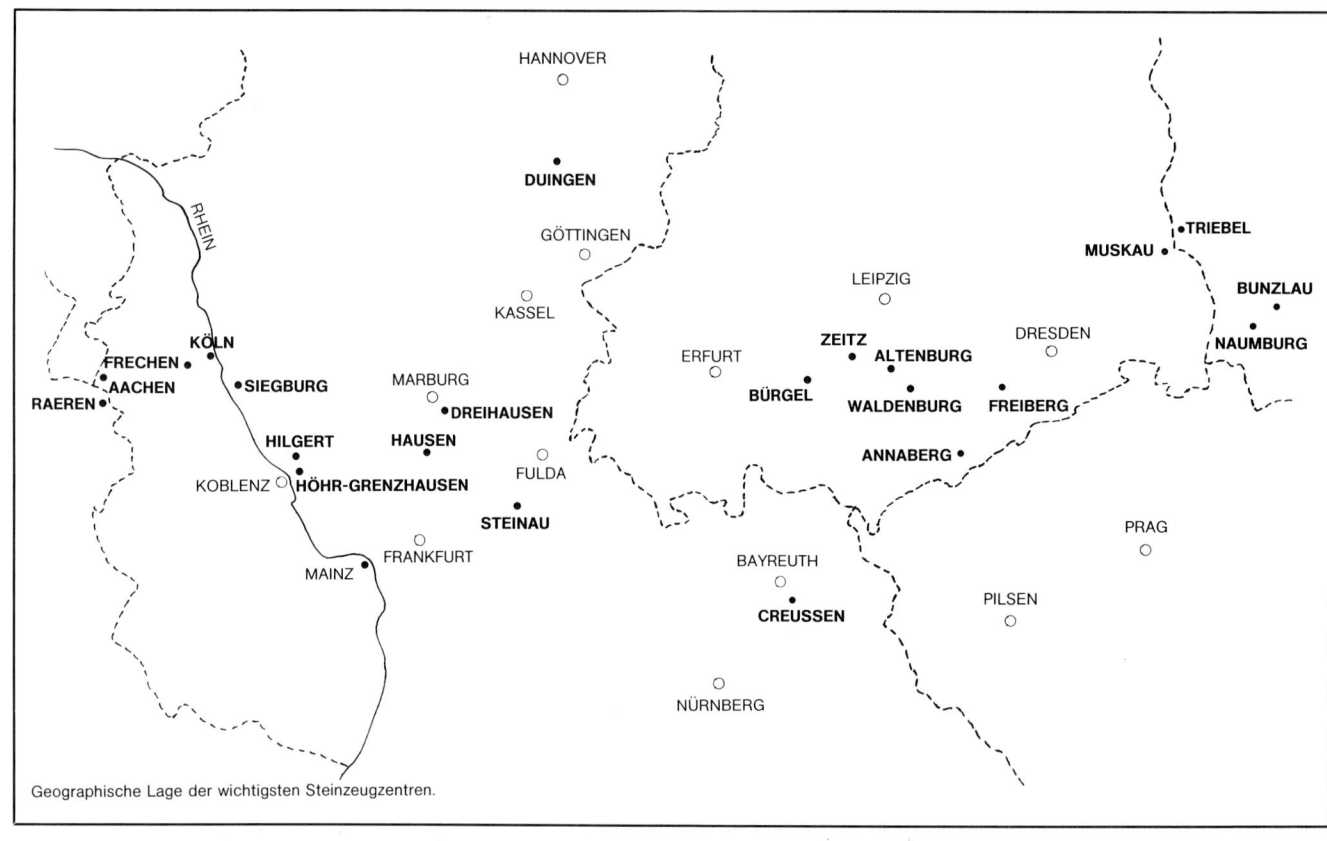

Geographische Lage der wichtigsten Steinzeugzentren.

Verzeichnis der Fachausdrücke

Ablauf: Bei bauchigen Gefäßen die sich nach unten verjüngende Zone über der Standfläche.

Anguß: Tonbrei (Engobe), mit dem Steinzeug teilweise vor dem Brand begossen wurde, um eine gleichmäßige Oberfläche zu erhalten.

Bienenkorbhumpen: Leicht gebauchte Krugform mit ausgestelltem Fußsockel. Zusammen mit einem gewölbten Zinndeckel ergibt sich der Umriß eines Bienenkorbs. In Creußen und Sachsen im 17. Jahrhundert verbreitete Krugform.

Brennfleck: Runde Zonen auf Böden von Steinzeuggefäßen, die im Brand von den Rändern darunterstehender Gefäße abgedeckt waren und daher keine Salzglasur und Oxydationsfärbung erhielten.

Emailbemalung: Farbiger Dekor, der in einem zweiten Brand (Farbbrand) eingebrannt wird.

Engobe: Vor dem Brand durch Tauchen, Begießen oder durch Pinselauftrag angebrachter Tonbrei, der manchem Steinzeug einen glasurartigen Überzug gibt.

Federmalerei: Besondere Technik der Emailbemalung. Noch nasse, nebeneinander aufgetragene Farben werden mit einem Federkiel so durchzogen, daß sie sich verschieben und ein gemasertes Muster entsteht.

Irdenware: Bei relativ niedrigen Temperaturen von ca. 800 ^{0}C gebrannte Töpferwaren mit porösem Scherben (Bauern- und Hafnerkeramik).

Knibistechnik: Mit dem Knibisholz werden zur Verzierung von Steinzeug Zickzacklinien oder fächerartige Ornamente in die vorgetrockneten Gefäße eingedrückt.

Kobaltbemalung: Kobaltoxid eignet sich als blaue Scharffeuerfarbe zur Bemalung von Steinzeug, da es den hohen Brenntemperaturen widersteht.

Krause: Im 16. Jahrhundert verbreitete beutelförmige Becherform mit abgesetztem Trichterhals. Der Rand ist häufig mit Silber gefaßt.

Lehmglasur: Einfache Glasur aus Lehm oder Ton, die zur Abdichtung von porösen Scherben und zur gleichmäßigen Braunfärbung der Oberfläche angebracht wurde.

Manganbemalung: Neben Kobaltblau ist das aus Braunstein gewonnene Manganviolett die zweite, für den Steinzeugbrand geeignete Scharffeuerfarbe.

Matrize: Model zur Herstellung von Reliefauflagen. Matrizen zeigen das Reliefornament im Negativ. Aus ihnen können die Reliefauflagen oder aber Patrizen gewonnen werden, die zur Herstellung weiterer Matrizen dienen.

Oxydationsbrand: Brenntechnik zur Herstellung von Steinzeug mit brauner Oberfläche. Sauerstoffzufuhr bei höchster Temperatur bewirkt die Oxydation der Eisenbestandteile der Steinzeugoberfläche und damit deren Braunfärbung.

Patrize: Aus einer Matrize gewonnenes, leicht gebranntes Tonmodel, mit dem das Ornament der Matrize vervielfältigt wird. Die Patrize zeigt das Ornament im Positiv und dient zur Herstellung der Matrizen, mit denen die Reliefauflagen ausgeformt werden.

Pinte: Krugform mit konischer Wandung, niedriger als die Schnelle. In Köln und Raeren im 16. Jahrhundert übliche Krugform.

Pulle: Krugform mit kugeligem Körper und engem Hals. In Siegburg verbreitet.

Redtechnik: Steinzeug wird durch das Einritzen von Ornamenten in den vorgetrockneten Ton mit dem »Redholz« verziert. Meist in Verbindung mit Bemalung mit Kobaltblau und Manganviolett.

Reduktionsbrand: Brenntechnik zur Herstellung von grauem Steinzeug. Nach dem Erreichen der höchsten Temperatur und dem Einschaufeln des Salzes, das die Salzglasur bildet, wird die Sauerstoffzufuhr im Ofen gestoppt, so daß keine Oxydation mehr stattfinden kann.

Salzglasur: Glasartiger Überzug von Steinzeug. Beim Brennen wird bei höchster Temperatur Kochsalz in den Ofen geschaufelt, dabei verbindet sich Natriumoxyd mit den Bestandteilen des gesinterten Scherbens.

Scherben: Die gebrannten Tonbestandteile keramischer Erzeugnisse, ohne Glasur.

Schnelle: Hohe Krugform mit schlanker, konischer Wandung, die meist mit Reliefauflagen verziert ist. Vor allem für Siegburg charakteristisch, aber auch in Köln und Raeren gebräuchlich.

Sinterung: Das »Verglasen« des Scherbens bei hohen Brenntemperaturen, wodurch er wasserundurchlässig wird. Gesinterte Scherben haben nur Steinzeug und Porzellan.

Smalte: Färbemittel zur Bemalung oder Einfärbung von Keramik. Mit Kobalt oder mit dem aus Braunstein gewonnenen Manganviolett eingefärbtes Glas wurde fein gemahlen und konnte, zu einem Farbbrei angerührt, mit dem Pinsel aufgetragen werden. In Waldenburg wurden zur Blaufärbung die Krüge im brennenden Ofen mit Smalte beworfen.

Steingut: Porzellanähnliches Keramikprodukt mit weißem, porösem Scherben, den eine transparente Glasur bedeckt. Häufig mit Umdruckdekor verziert. Im 19. Jahrhundert wurde Stein*zeug* teilweise als Stein*gut* bezeichnet. Diese ungenaue Bezeichnung ist manchmal heute noch zu finden.

Fotonachweis

Das Bildmaterial stellten freundlicherweise unter anderem die nachfolgend genannten Kunsthäuser und Museen zur Verfügung.

Kunsthandlungen und Auktionshäuser:
Galerie Almas, Wittelsbacher Platz 6, 8000 München 2
Amelung, Wolf-D., Karmelitenstr. 15, 8700 Würzburg
Bödiger, August, Oxfordstr. 4, 5300 Bonn
Krings, Antonio, Richmodstr. 27, 5000 Köln 1
Kunsthaus am Museum, Drususgasse 1-5, 5000 Köln 1
Lempertz, Kunsthaus, Neumarkt 3, 5000 Köln 1
Lockner, Hermann P., Rotkreuzstr. 11, 8700 Würzburg
Löwe, Edmund, Amalienstr. 24, 8000 München 2
Nagel, Dr. Fritz, Mörikestr. 17-19, 7000 Stuttgart 1
Negelein, C. J. von, Feldstr. 70, 2300 Kiel 1
Neukirchner, Marianne, Meisenweg 1, 5485 Bad Breisig
Neumeister, Münchener Kunstauktionshaus KG, Barer Straße 37, 8000 München 40
Payer, F., Pelikanstr. 6, CH-8001 Zürich
Rasmussen, Arne Bruun, 33 Bredgade, DK-1260 Kopenhagen K
Ruef, Hugo, Gabelsbergerstr. 28, 8000 München 2
Ruzek, F., Torstr. 7, 7000 Stuttgart 1
Sotheby Parke Bernet & Co., 34 & 35 New Bond Street, London W1A 2AA
Stuker, Jürg, Alter Aargauerstalden 30, CH-3006 Bern
Trützschler, Johannes K., 8301 Schloß Adlhausen
Zeller, Michael, Hauptstr. 89/90, 8990 Lindau

Museen:
Amsterdam: Rijksmuseum
Berlin (-Dahlem): Museum für deutsche Volkskunde
Berlin (Ost): Märkisches Museum
Burg (Wupper): Bergisches Museum
Cappenberg: Museum für Kunst und Kulturgeschichte der Stadt Dortmund
Coburg: Kunstsammlungen der Veste
Hamburg: Museum für Kunst und Gewerbe
Hannover: Kestner-Museum
Köln: Kunstgewerbemuseum
Kopenhagen: Kunstindustrimuseet
Limburg: Diözesanmuseum
London: Victoria & Albert Museum
München: Bayerisches Nationalmuseum
New York: Metropolitan Museum
Pilsen: Západoceského-Museum
Prag: Volkskundliches Museum
Vreden: Hamaland-Museum
Wroclaw (Breslau): Muzeum Slaskie

*Töpfer, Holzschnitt aus Jost Ammans
Ständebuch von 1585.*

Literaturauswahl

Creußener Steinzeug. E. Klinge, Kataloge der Kunstsammlungen der Veste Coburg, 1977

Deutsches Steinzeug der Renaissance- und Barockzeit, E. Klinge. (Ausstellungs-Katalog des Hetjens-Museums, Düsseldorf), 1979

Duingen. Ein niedersächsischer Töpferort. (Ausstellungs-Katalog), Braunschweig 1975

Falke, Otto von: *Das rheinische Steinzeug,* 2 Bde., Berlin 1908 – Neudruck 1978

Glas + Steinzeug, Original, Kopie oder Fälschung, Bd. 1 der Reihe »Kunst und Fälschung«, Hannover 1979

Horschik, Josef: *Steinzeug, 15. bis 19. Jahrhundert. Von Bürgel bis Muskau.* Dresden 1978

Klein, Adalbert: Rheinisches Steinzeug des 15. bis 18. Jahrhunderts, Darmstadt (1957)

Koetschau, Karl: *Rheinisches Steinzeug,* München 1924

Lipperheide, Barbara: *Das rheinische Steinzeug und die Graphik der Renaissance,* Berlin 1961

Reineking – von Bock, Gisela: *Steinzeug – Nachahmung, Nachbildung oder Fälschung?* In: Keramos, 49, 1970, S. 3-66.

Siegburger Steinzeug, E. Klinge, Kataloge des Hetjens-Museums Düsseldorf, 1972

Steinzeug, G. Reineking – von Bock, Kataloge des Kunstgewerbemuseum Köln, 2. Aufl. 1976

Steinzeug aus dem Raerener und Aachener Raum, (Beiträge von H. Hellebrandt, O. E. Mayer und L. Hugot), Aachener Beiträge für Baugeschichte und Heimatkunst, Bd. 4, Aachen 1977

Steinzeug und Zinn, A. Ohm und M. Bauer, Museum für Kunsthandwerk Frankfurt a. M., 1977

Töpferei im Elsaß, L. Röhrich und G. Meinel, Veröffentlichung des Alemannischen Instituts Freiburg, Nr. 36, 1975

Weinhold, Rudolf: *Töpferwerk in der Oberlausitz,* Berlin 1958

Auktionskataloge:

Sammlung Lanna, Prag. Lepke, Berlin, 1909 und 1911 (2 Bde.)

Collection Baron A. Oppenheim, Köln. Lepke, Berlin, 1914

Sammlung Franz Greb, München. Helbing, München, 1908

Sammlung Hupka, Baden-Baden, Helbing, München, 1928

Sammlung Schwarz, Berlin. Helbing, Frankfurt, 1935

(zusammen mit Slg. Ottmar Strauss, 2. Teil)

Katalog-Bildteil

Vorbemerkung zu den Preisangaben

Den angegebenen Preisen liegen Auktionsergebnisse und Verkaufspreise des Kunsthandels zugrunde. Zu berücksichtigen ist, daß viele der abgebildeten Stücke schon vor Jahren verkauft wurden und ihr heutiger Marktwert schwer einzuschätzen ist, da hochwertiges Steinzeug heute nur selten auf den Markt kommt. Einige der in früheren Sammlungen stets vertretenen Steinzeugarten wie z. B. frühe Waldenburger Arbeiten sind heute fast nur noch in öffentlichen Sammlungen zu finden. Um einen Gesamtüberblick über die Steinzeugproduktion zu geben, wurden solche Museumsstücke in den Katalogteil aufgenommen. Eine Preisangabe unterblieb hierbei, weil diese Stücke nicht mehr auf den Kunstmarkt gelangen.

Die Preisangaben sollen nur ungefähre Richtlinien sein und können nur bedingt auf ähnliche Stücke übertragen werden. Wesentlich hängt der Preis einer Steinzeugarbeit von dessen *Erhaltungszustand* ab. Beschädigte oder restaurierte Stücke sind entsprechend niedriger zu bewerten als gut erhaltene Exemplare. Die Bewertung hängt auch vom Vorhandensein und der Beschaffenheit der *Silber- oder Zinnmontierung* ab. Eine gut erhaltene und ungefähr zur Entstehungzeit des Steinzeuggefäßes angebrachte Montierung erhöht dessen Wert meist wesentlich. Gravuren, Datierungen und Meistermarken von Montierungen werden entsprechend zusätzlich bewertet.

Die Preise für schönes altes Steinzeug sind in den letzten Jahren stark gestiegen. Bei einer anhaltenden Verknappung des Angebots setzt sich diese Entwicklung vermutlich fort, und für ausgefallene Stücke werden Liebhaberpreise verlangt und erzielt.

Frühsteinzeug

Vom 13. bis frühen 15. Jahrhundert vollzog sich in Mitteleuropa der Übergang von der frühmittelalterlichen hartgebrannten Irdenware zum gesinterten Steinzeug. Die bei hohen Temperaturen gebrannten Töpferwaren dieser Übergangszeit bezeichnet man als Frühsteinzeug. Sie haben einen wasserundurchlässigen Scherben, der allerdings noch nicht durch und durch versintert und daher nicht so hart ist wie bei echtem Steinzeug. Der gebrannte Ton ist nur an der Oberfläche verglast, beim Bruch sind beim Scherben verschiedene Schichten sichtbar. Der beigemengte Sand ist zu erkennen, da er nicht in der Masse eingeschmolzen ist. Um eine gleichmäßige, glatte Oberfläche zu erreichen, erhielt Frühsteinzeug teilweise eine schwarze oder braune Engobe. Die Entwicklung zum Steinzeug vollzog sich langsam in fließend ineinander übergehenden Stadien. Im 15. Jahrhundert war die Technik der Tonaufbereitung und des Ofenbaues und Brennens so fortgeschritten, daß vollkommen gesintertes Steinzeug hergestellt werden konnte. Wo diese Entwicklung zuerst abgeschlossen war, ist nicht genau geklärt. Aufgrund der bisherigen Funde wird jedoch angenommen, daß die bekannten Töpferzentren des Rheinlandes hierfür besonders in Frage kommen.

Die Formen waren anfangs allgemein verbreitet, so daß Zuweisungen an bestimmte Töpferzentren hauptsächlich nach den Fundorten erfolgen. Datierungen sind oft durch Münzfunde möglich, die in den Krügen aufbewahrt und vergraben wurden. Hauptsächliche Gefäßtypen waren hohe, oft bauchige Becher, die beutelförmigen Krausen (Nr. 7), birnförmige Krüge mit abgesetzter Lippe und wenig gebauchte Krüge, bei denen der zylindrische Hals durch aufgedrehte Grate abgesetzt ist. Im Rheinland war der durch Fingerdruck gebildete Wellenfuß verbreitet, durch den die Gefäße, die einen handgeformten gewölbten Boden hatten, ihre Standfestigkeit erhielten.

Die beim Aufdrehen der Wandungen entstehenden Drehrillen wurden häufig als einzige Dekormittel und Gliederungselemente eingesetzt. Außerdem wurden hin und wieder Rollstempel verwendet und einfache Wellenlinien eingeritzt. Die Gesichtskrüge aus dem Aachen-Raerener Raum mit ihren mit der Hand geformten Gesichtern (Nr. 5) vertreten bereits das vollkommen gesinterte, salzglasierte Steinzeug.

Die Gruppe der früher Dreihausen zugeschriebenen, sorgfältig gearbeiteten und reich dekorierten Becher und Pokale nehmen in der Keramikproduktion des 15. Jahrhunderts eine Sonderstellung ein. Vermutlich verdanken sie ihr Entstehen der außergewöhnlichen Leistung eines einzelnen Meisters (Nr. 8 und 9).

1   **Becher.** Stark bauchiger Körper auf kleinem Rundfuß, ausgestellter Lippenrand. Auf der Wandung kräftige Drehrillen. Rand bestoßen.
Braune Oberfläche.
Rheinland (Fundort: Köln), 13. Jh.
Höhe 10,5 cm   **ca. 300,–**
A. Krings, Köln

2   **Becher.** Eiförmig auf gekniffenem Wellenfuß, abgesetzter Lippenrand. Auf der oberen Wandungshälfte Drehrillen.
Braune Oberfläche.
Rheinland, 15. Jh.
Höhe 21 cm   **ca. 400.–**
A. Krings, Köln

3   **Krug.** Kugeliger Körper auf gekniffenem Wellenfuß, auf der Wandungsmitte aufgedrehter Grat. Zylinderhals mit Drehrillen, Bandhenkel.
Hellgraue Oberfläche.
Siegburg, um 1500.
Höhe 13 cm   **ca. 500,–**
Schloß Cappenberg

4   **Krug.** Eiform mit Zylinderhals auf Wellenfuß, unterhalb der Schulter ein aufgedrehter Grat. Bandhenkel.
Breite Drehrillen.
Graue Oberfläche.
Siegburg, 15. Jh.
Höhe 15,5 cm   **500,–/700,–**
Stuker, Bern

5 Gesichtskrug. Bauchiger Körper auf breitem Wellenfuß, schlanker Hals mit abgesetzter Lippe. Auf der Schulter ein männliches Gesicht: Augen, Nase und Bart sind aufgelegt, der Mund wird durch eingeritzte Rillen und eingestochene Punktreihen angedeutet. Fleckige grau-braune Oberfläche. Aachen-Raeren, um 1500.
Höhe 21 cm   **ca. 5000,–**
A. Krings, Köln

6 Krug mit Dudelsackbläser. Bauchiger Körper mit engem Hals und Wellenfuß, teilweise Drehrillen. Auf der oberen Wandungshälfte sind Gesicht, Arme und Instrument eines Dudelsackbläsers aufgelegt mit gekerbten und eingestochenen Details.
Graue Oberfläche mit Salzglasur.
Aachen, um 1500.
Höhe 24 cm   5000,–/6000,–
von Negelein, Kiel

7 Krause. Beutelförmig mit abgerundeter Standfläche, Einschnürung über der Schulter, am unteren Ende des zylindrischen Halses ein schräg gekerbtes Band.
Braune Oberfläche.
16. Jh.
Gravierte Silbermontierung. Höhe 8,5 cm
                              Museum für Kunst und Gewerbe, Hamburg

Krausen sind beutelförmige Becher, die häufig als Creußener Erzeugnisse bezeichnet werden. Vermutlich wurden sie jedoch in zahlreichen Töpferzentren hergestellt.

8 Stangenbecher. Schlanke Zylinderform auf gekniffenem Wellenfuß. Sehr fein gestempelter Dekor: schachbrettartiges Muster aus vertieften Quadraten mit vier Punkten und glatte Felder, dazwischen schräg verlaufende glatte Streifen. Unter dem Rand Reliefauflage eines Männergesichts mit zweigeteiltem Bart.
Rotbraune glänzende Oberfläche.
Erste Hälfte 15. Jh.
Am Rand Silberfassung (um 1600) mit der Gravur: »Anno 1413 Ist diese Krausen in der Insul Malta aus der Erden Sancti Pauli gemacht Worden«.
Höhe 22 cm   Diözesanmuseum Limburg

Dieser Stangenbecher gehört zu einer Gruppe von besonders fein gearbeiteten gotischen Steinzeugarbeiten, als deren Entstehungsort früher Dreihausen galt.[1] Neuere Untersuchungen widerlegen diese Annahme, ihre Herkunft bleibt aber ungeklärt.[2] Die gravierte Angabe auf dem Silberrand gibt keinen Aufschluß, sie zeigt nur, daß schon zu der Zeit, als die Montierung angefertigt wurde, der Ursprung des Bechers unklar und nur nach einer Legende zu erklären war.

[1] Falke, Otto von: »Gotisches Steinzeug von Dreihausen in Hessen« (1907).
[2] Horschik, Josef: »Beiträge zur Herkunftsfrage einer gotischen Steinzeuggruppe und Ausführung ihres heutigen Bestandes« (1971).

10

*Der nachfolgende Pokal gehörte im
Mittelalter dem Petri-Kloster in Erfurt und
gelangte später in die Sammlung Figdor,
Wien. Er wurde vom Schloßmuseum
Berlin angekauft und im Krieg zerstört.*

9 Pokal. Schlanke, hochschulterige
Birnform auf sechspassigem Fuß.
Gestempelter Dekor: in waagrechte
Zonen gegliedertes Schachbrettmuster
mit glatten Feldern und Quadraten
mit vier Punkten.
Reliefauflagen: zwei bärtige Männer-
köpfe und die Heilige Barbara und
Heilige Katharina mit Attributen.
Rotbraune Oberfläche (engobiert).
Bunte Kaltbemalung.
Erste Hälfte 15. Jh.
Am Rand vergoldete Kupferfassung aus
dem 17. Jh.
Höhe 30 cm   Kriegsverlust

10 Becher. Eiförmig mit Wellenfuß,
in der Wandungsmitte zwei Einschnü-
rungen zwischen aufgedrehten, schräg
gekerbten Graten. Kräftige Drehrillen.
Dunkelbraune Oberfläche. 15./16. Jh.
Vergoldete gravierte Silberfassung
der Renaissance.
Höhe 14,6 cm
          Museum für Kunst und Gewerbe,
                              Hamburg

9

Siegburg

Schon seit dem frühen Mittelalter waren in Siegburg Töpfer tätig. Große Lager mit feinem weißbrennendem Ton ermöglichten den Aufstieg des Handwerks, das die Stadt weithin berühmt machte. Die frühen Siegburger Erzeugnisse haben einen grauen Scherben, den manchmal eine braune Lehmglasur bedeckt. Charakteristisch für Siegburg ist aber die hellgraue, zur Blütezeit im 16. Jahrhundert oft weiße bis gelbliche Oberfläche der Gefäße, die aus dem eisenoxydarmen Ton hergestellt wurden.

Die weißliche Farbe gilt als so typisch, daß hellgraues Steinzeug aus anderen Töpferzentren, z. B. reduzierend gebrannte Altenburger Humpen, oft fälschlich Siegburg zugeschrieben wird. Die Trennung der frühen Westerwälder Erzeugnisse von den Siegburger Arbeiten des späten 16. und 17. Jahrhunderts ist schwierig, teilweise sogar unmöglich, da Siegburger Töpfer in den Westerwald abwanderten und dort ähnliche Gefäße herstellten wie in ihrer Heimat.

Die Feinkörnigkeit des Tons erlaubte es, kunstvoll gestaltete Auflagen zu schaffen. Da die besonders reich verzierten Gefäße unglasiert blieben, zeigt das Relief von Siegburger Arbeiten oft eine Schärfe, die bei anderem Steinzeug nicht zu finden ist. Neue Forschungen stellen fest, daß das Salzglasieren in Siegburg nicht üblich war.[1] Das Entstehen der (oft sehr dünnen) »seidenmatten« Glanzschicht wird mit der bei Siegburger Ton möglichen sehr hohen Brenntemperatur (bis 1300⁰ C) erklärt, gelblich verfärbte, glänzende Stellen werden auf Ascheanflug während des Brennens zurückgeführt.

Typische Formen waren in Siegburg im 15. Jahrhundert die sog. *Jacobakanne* (schlanke Form mit Wellenfuß und sich konisch erweiterndem Hals über einem umlaufenden Grat), der *Trichterhalsbecher* und *-krug* und im 16. Jahrhundert *Schnelle* und *Pulle*.

In der Frühzeit waren Drehrillen und aufgedrehte Grate der einzige Schmuck. Bei den Trichterhalskrügen sind dann eingeschnittene Distelranken und aufwendig durchbrochene Rosetten (in doppelten Wandungen) zu finden. Die Reliefverzierungen waren anfangs einfach. Kleine Auflagen ahmten die damals verbreiteten Münzen (Brakteaten) nach. Vermutlich unter dem Einfluß Kölner Vorbilder und nach der Zuwanderung von Töpfern aus Köln entwickelten sich Mitte des 16. Jahrhunderts die großen, kunstvollen Reliefauflagen mit Motiven aus der Mythologie und aus der Bibel.

---

[1] G. Reineking-von Bock, Steinzeug, 2. Auflage, Köln 1976, S. 33.

Die Schnellen erhielten drei hohe Reliefauflagen, die fast die gesamte Fläche zwischen den durch Wulstringe betonten Wandungsrändern bedecken. Als Vorlagen für die Gestaltung der Reliefauflagen dienten oft zeitgenössische Grafikblätter. Für viele der Darstellungen auf Siegburger Steinzeug des 16. Jahrhunderts lassen sich die Holzschnitte oder Kupferstiche nachweisen, nach denen die Matrizen geschnitten wurden. Bevorzugt wurden Szenen aus dem Alten und Neuen Testament.

Zu den kunstvollsten Siegburger Arbeiten gehören reich verzierte Tüllenkannen (auch Schnabelkannen oder wegen des Stegs zwischen Ausgußröhre und Gefäßhals Stegkannen genannt). Als Gurden werden die in wenigen Exemplaren bekannten Pilgerflaschen bezeichnet, die zum Teil mit reichem plastischem Zierat geschmückt sind.

Im 17. Jahrhundert machte sich der Niedergang der Siegburger Töpferei bemerkbar, wobei die Zerstörung der Stadt durch die Schweden im Jahre 1632 den Schlußpunkt markiert. Schon 1586/87 hatten die Töpfer unter durchziehenden Truppen zu leiden. Einige Töpfer wanderten daraufhin ab und versuchten im Westerwald eine neue Existenz aufzubauen.

Einige Namen von Töpfermeistern, die kunstvolles Geschirr schufen, sind uns bekannt. Die wichtigsten Familiennamen sind: Knütgen, Flach, Simon und Olman. Aufgrund von in den Matrizen signierten Arbeiten sind als bedeutendste Siegburger Künstler nachzuweisen: Christian Knütgen (tätig 1568-1605), Franz Trac (1559-68), Hans Hilgers (1569-95) und der Meister L. W. (1572-79). Anno Knütgen wird als Betreiber einer großen Werkstatt (von ungefähr 1560-80) genannt, von ihm signierte Arbeiten sind allerdings nicht bekannt.

11 Trichterhalskrug. Eiförmiger Körper auf Wellenfuß, trichterartig erweiterter Hals, ringförmiger Bandhenkel. Teilweise kräftige Drehrillen. Auf der Wandung drei runde Auflagen mit Rosetten, umgeben von einer Blütenranke.
Mitte 16. Jh.
Höhe 16 cm   Bergisches Museum, Schloß Burg a. d. Wupper

12 Trichterhalskrug auf Wellenfuß. Auf der oberen Wandungshälfte eine eingeschnittene Distelranke mit gezackten Blättern. Darunter Drehrillen.
Ende 15. Jh.
Höhe 24,5 cm
A. Krings, Köln   **ca. 10000,–**

11   12

13 Pulle. Kugeliger Körper mit Zylinderhals, kräftige Drehrillen. Auf der Wandung drei runde Auflagen mit dem Sündenfall Adam und Evas.
Zweite Hälfte 16. Jh.
Höhe 25 cm   **ca. 8000,–**
Lempertz, Köln

39

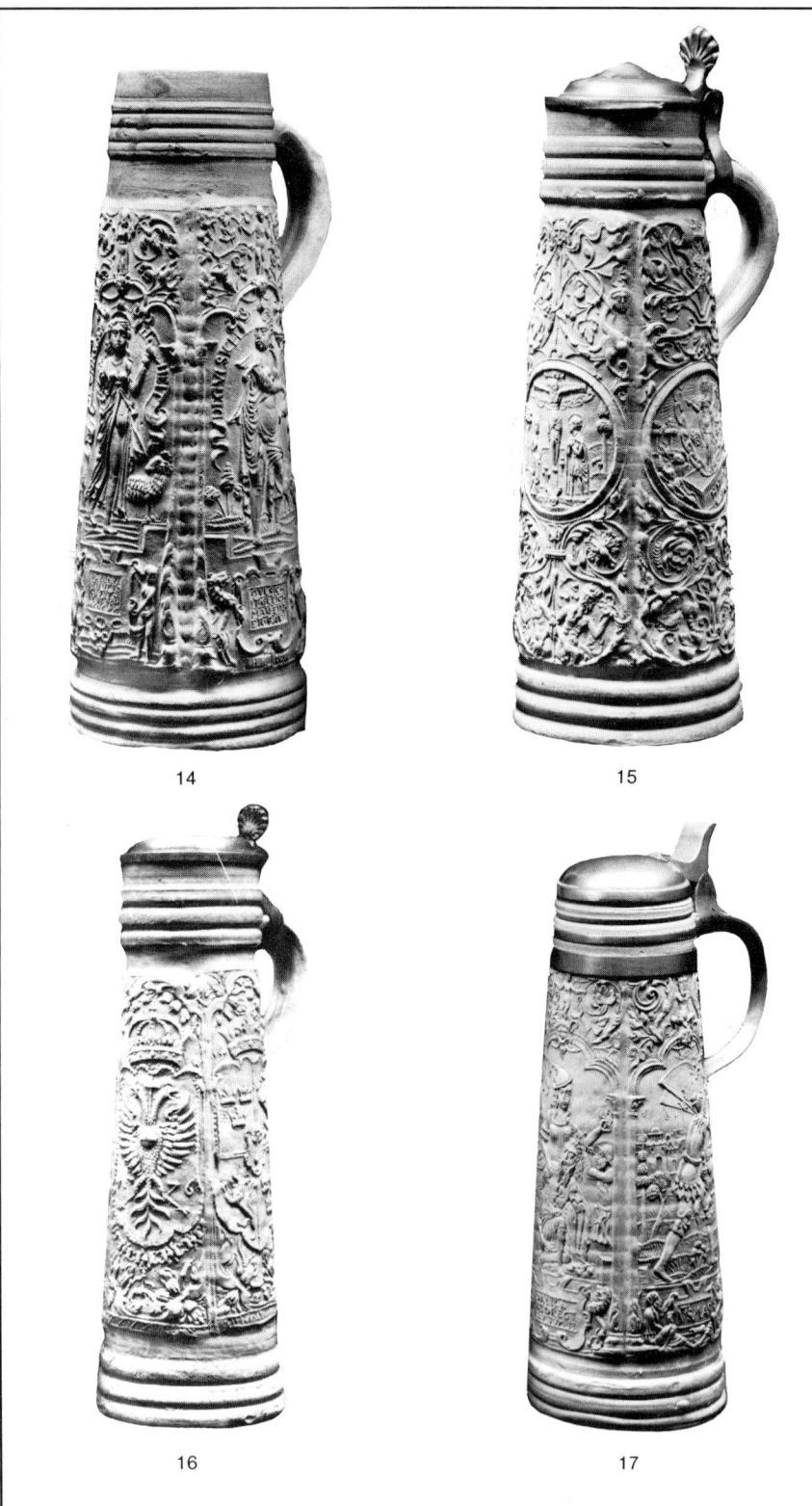

14

15

16

17

14 Schnelle. Konische Wandung, über der Standfläche und unterhalb der Lippe Wulstringe mit Querrillen. Auf drei Auflagen allegorische Darstellungen von Lastern: unter Rankenwerk und Bogenornamenten stehende Frauenfiguren und Bänder mit den Beischriften: »DE HOFFARTICHEIT – DE VNKVISCH-HEIT – DE GVLSICHHEIT«. Darunter Kartuschen mit den Sprüchen: »HOFFART EIN BOS ART ANNO 1591 – DE VNKVISEN VERDEN GOT NEIT BESCHAVEN EWIG – GVLSICHEIT GLEICH MAN EINNER SAV«.
Signiert H. H. (Hans Hilgers), datiert 1591.
Höhe 26,5 cm   **über 10000,–**
Neumeister, München

15 Schnelle. Drei Auflagen zwischen je drei Wulstringen: in runden Medaillons Darstellungen der Verkündigung, Kreuzigung und Auferstehung Christi. Daneben Ranken mit Grotesken.
Signiert H. H. (Hans Hilgers), um 1580.
Zinndeckel. Höhe 27,5 cm
Neumeister, München   **über 10000,–**

16 Schnelle. Drei Auflagen zwischen je drei Wulstringen: in der Mitte das Reichswappen mit dem goldenen Vlies, rechts das Wappen von Schweden. Daneben Blütenornamente.
Signiert L. W., datiert 1576.
Zinndeckel. Höhe 29 cm.
Neumeister, München   **über 10000,–**

17 Schnelle. Drei Auflagen mit der Geschichte Samsons. Unter Ranken und Grotesken Rundbögen, auf der mittleren Auflage Darstellung von Samson und Dalila, auf einem Schild: »DALILA BEDREGT SAMSVM. 13« (mit der Zahl 13 wird die Bibelstelle Richter 13 – falsch – angegeben, sie wurde von anderen Auflagen übernommen). Rechts: Samson trägt die Türen (Richter 16, V. 3), darunter die Inschrift »VSMAS« (Spiegelschrift).
Ende 16. Jh. (Hans Hilgers?)
Zinndeckel, Henkel aus Zinn ergänzt.
Höhe 24 cm   **ca. 8000,–**
Ruef, München

18 **Schnelle.** Drei Auflagen mit Szenen aus dem Leben des Paulus. Links: Saulus erhält vom Hohenpriester Briefe. Daneben: die Bekehrung. Die dritte Auflage zeigt die Taufe.
Zweite Hälfte 16. Jh.
Späterer Zinndeckel. Höhe 25,5 cm   **über 15000,–**
Lempertz, Köln

19 Krug. Kugeliger Körper mit Mittelfries, Zylinderhals. Auf der Wandungsmitte Relieffries mit Rankenwerk und Grotesken, auf der Schauseite zwischen zwei Frauengestalten eine Schrifttafel mit »GOT DE EIR«.
Daneben tiefer Kerbschnitt und auf dem Hals drei aufgelegte Frauenköpfe. Auf dem Henkelrücken eine Karyatidenfigur, darunter ein Krieger.
Um 1590, Hans Hilgers zugeschrieben.
Vermeilmontierung. Höhe 22,5 cm   **über 15000,–**
Slg. Oesterle, München

20 Stegkanne. Eiförmiger Körper mit steil aufsteigendem Röhrenausguß; ohne Übergang auf der Schulter aufgesetzter Zylinderhals. S-förmiger Steg zwischen Ausguß und Hals. Mittelfries mit Rankenrelief (ähnlich wie beim vorigen Krug), das sich auf dem Hals wiederholt. Am Ausgußansatz Maske mit weit geöffnetem Mund, auf Schulter und Ablauf Kerbschnitt.
Datiert 1589, Hans Hilgers zugeschrieben.
Höhe 24 cm   **über 20000,–**
Lempertz, Köln

21 **Kleine Stegkanne,** eiförmig, leicht geschwungene Ausguß-
röhre, S-förmiger Steg. Auf Hals und Wandung Kanneluren,
Kerbschnitt und Stempelornamente. Am Ausgußansatz eine
Bartmaske.
Ende 16. Jh.
Zinndeckel. Höhe 19,5 cm   8000,–/10000,–
Slg. Oesterle, München

22 **Kanne.** Eiform mit Mittelwulst, auf der unteren Wandungs-
hälfte Kanneluren und gestempelter Blattfries, auf der Schulter
Netzwerk. Am Hals Kartusche mit Maskaron.
Ende 16. Jh.
Zinndeckel. Höhe 15,5 cm   **ca. 6000,–**
Lempertz, Köln

Köln und Frechen

Kölns Tradition der Keramikherstellung geht bis in die Römerzeit zurück. Die in der Nähe der Stadt gelegenen Tonlager trugen zur Erhaltung des Töpfergewerbes über die Jahrhunderte bei. Die Herstellung von Steinzeug mit Salzglasur setzt in der Mitte des 15. Jahrhunderts ein. Die Kölner Erzeugnisse haben meist einen grauen Scherben, der von einer eisenhaltigen Tonengobe bedeckt wird, und nach dem Oxydationsbrand ist ihre Oberfläche braun (oft auch grau/braun gesprenkelt) und salzglasiert.

Schon im ersten Viertel des 16. Jahrhunderts waren die Kölner Töpfer in der Lage, Gefäße mit kunstvollen Reliefauflagen zu schmücken. Die Wandungen kugelförmiger Krüge wurden mit verzweigten Ranken und aus Matrizen geformten Blüten und Blättern belegt. Zum Hauptornament aber wurden bärtige Männergesichter, die an der Halsvorderseite als Relief angebracht wurden und deren voller Bart oft über die Gefäßschulter hinabreicht. Die danach benannten *Bartmannskrüge* sind besonders charakteristisch für Köln. Sie haben entweder Birnform mit weitem Hals oder einen kugeligen Körper mit meist engem Hals. In der Mitte des 16. Jahrhunderts erhielten sie oft in der Bauchmitte ein Inschriftenband.

Auch die beiden anderen für diese Stadt typischen Gefäßformen, die *Pinte* (niedriger konischer Krug) und die später in Siegburg besonders ausgebildete *Schnelle* wurden zur gleichen Zeit hergestellt. Drei Hochauflagen mit feinem Relief bedecken oft fast die gesamte Wandung dieser Krüge.

Nach Ausgrabungen zu Beginn unseres Jahrhunderts wertete Otto von Falke die Scherbenfunde aus und teilte das Kölner Steinzeug in Arbeiten der Werkstätten in der Komödienstraße, in der Maximinenstraße und der sog. Eigelsteinwerkstatt ein. 1951 wurde eine weitere große Werkstatt in der Streitzeuggasse entdeckt. Danach ließen sich die Zuschreibungen von Falkes nicht mehr ganz aufrechterhalten. Erst genaue Untersuchungen dieses Problems werden gesicherte Zuschreibungen an verschiedene Werkstätten erlauben.

Trotz ihrer hohen Kunstfertigkeit, welche die Steinzeugtöpfer in Köln, das in der Renaissance ein Mittelpunkt für Handel und Kultur war, bewiesen, waren sie dort eher unbeliebt. Die »Kannenbäcker«, wie sie genannt wurden, hatten immer Schwierigkeiten mit der Bevölkerung, die ihre Werkstätten als feuergefährlich und die Wohnhäuser gefährdend ansah. Außerdem fühlte man sich durch den beim Brennen unvermeidbaren Rauch und die Chlordämpfe beim Salzglasieren belästigt. Der nicht enden wollende Ärger veranlaßte die Töpfer nach der Mitte des 17. Jahrhunderts, nach Frechen, Siegburg oder Raeren abzuwandern.

Das Steinzeug von *Frechen* gleicht im 15. Jahrhundert den Siegburger Arbeiten. Vom 16. Jahrhundert an ist die Verwandtschaft mit den Kölner Erzeugnissen so eng, daß es kaum möglich ist, Kriterien zur Unterscheidung festzulegen. Die Nachbarschaft beider Städte und der dadurch häufige Austausch von Handwerkern und die Ausbeutung gleicher Tonlager erklären die parallele Entwicklung. Nach der Abwanderung der Töpfer aus Köln wurde ihre Tradition in Frechen in der zweiten Hälfte des 16. Jahrhundert fortgeführt.

Der *Bartmannskrug* wurde zum wichtigsten Frechener Formtyp. Bei den frühen Beispielen wird beobachtet, daß sie einen runden Bart haben, während die Bärte der Kölner Krüge rechteckig geformt sind. Gegen Ende des 16. Jahrhunderts wurden sehr große Bartmannskrüge als Vorratsgefäße hergestellt, die auf der Wandung drei große runde oder ovale Auflagen tragen, die meist Wappen enthalten und häufig datiert sind. Bartmasken und Auflagen wurden nach 1600 immer einfacher und erstarrten schließlich zu einfachen Ornamenten. Bartmannskrüge wurden in Frechen in sehr großer Zahl hergestellt und exportiert. In England waren sie so verbreitet, daß sie dort teilweise heute noch als englische Erzeugnisse angesehen werden. Sie werden dort »Greybeards« oder nach dem Kardinal Bellarmin (1542-1621), der als Gegenreformator von den Protestanten geschmäht wurde und dessen bärtigen Kopf man dargestellt sah, »Bellarmines« genannt. Im 17. Jahrhundert gab es in London Versuche, die Frechener Originale nachzuahmen. Wie weit verbreitet diese waren, zeigt die Tatsache, daß vor wenigen Jahren 5 Bartmannskrüge aus dem Wrack eines Schiffes der holländischen Ostindischen Kompanie geborgen wurden, das 1613 vor St. Helena sank. Die um 1600 entstandenen Krüge mit verschiedenen Wappenauflagen, die vermutlich Besatzungsmitgliedern des Schiffes als Vorratsgefäße dienten, wurden 1977 in London versteigert.

Ebenfalls in England begehrt waren Frechener Krüge mit glattem kugeligem Körper und weitem Zylinderhals, die eine fein gesprenkelte grau/braune Oberfläche haben. Wie sehr diese als »tiger ware« bezeichneten Stücke geschätzt wurden, zeigen die oft prunkvoll gearbeiteten Silberfassungen. Ähnliche Krüge wurden auch in Raeren hergestellt (vgl. Farbtafel 3, Seite 61).

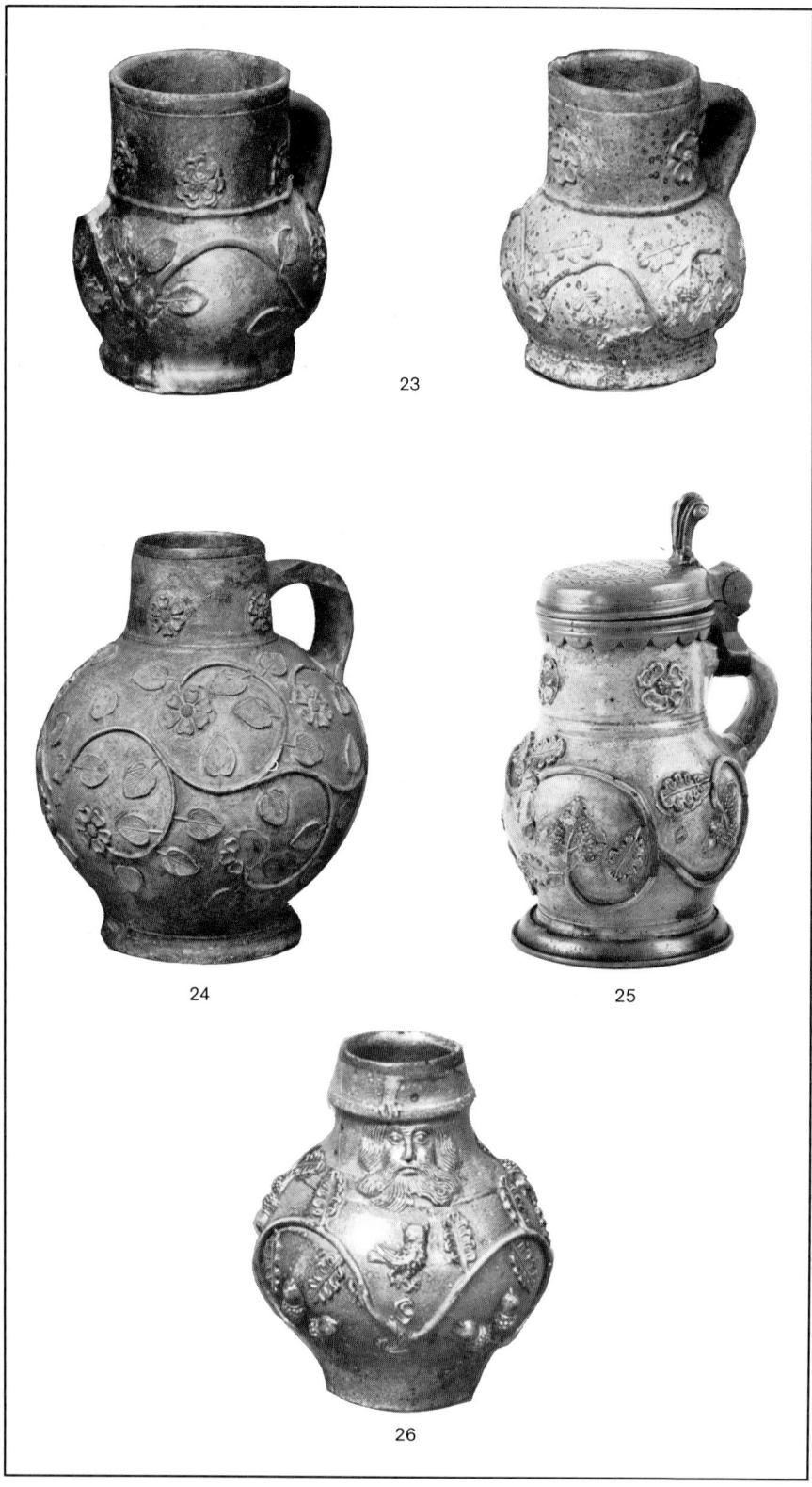

23

24   25

26

23 **Zwei kleine Krüge** mit kugeligem Körper und abgesetztem Zylinderhals. Reliefdekor: auf der Wandung Ranken mit Blättern, auf dem Hals Rosetten. Braune Oberfläche.
Köln, 2. Viertel 16. Jh.
Höhe ca. 12 cm   **je 3000,–/4000,–**
Lempertz, Köln

24 **Krug** mit kugeligem Körper. Auf der Wandung aufgelegte verzweigte Ranke mit herzförmigen Blättern und Blüten. Auf dem Hals vier Blütenrosetten. Braune Oberfläche.
Köln, 2. Viertel 16. Jh.
Höhe ca. 18 cm   **3500,–/4500,–**
Lempertz, Köln

25 **Krug** mit kugeligem Körper und weitem, abgesetztem Zylinderhals. Auf der Wandung verzweigte Eichenranke, auf dem Hals drei Blütenrosetten. Hellbraune Oberfläche, salzglasiert.
Köln, 2. Viertel 16. Jh.
Zinnmontierung mit Deckelgravur von 1674. Höhe 13,5 cm   **6000,–/8000,–**
Slg. Oesterle, München

26 **Kleiner Bartmannskrug** mit kugeligem Körper und abgesetzter Lippe. Auf der Vorderseite des Halses bärtiges Männergesicht, auf der Wandung eine Eichenranke, in der Mitte eine Eule. Braune Engobe, salzglasiert.
Köln, um 1540
Höhe 12 cm   **ca. 8000,–**
Lempertz, Köln

27 Bartmannskrug mit kugeligem Körper und engem Hals.
Am Hals bärtiges Männergesicht, auf der Wandung verzweigte
stilisierte Rosenranke.
Gelbliche bis braune Oberfläche.
Köln, um 1520/40.
Höhe 18 cm   Bergisches Museum,
                                   Schloß Burg a. d. Wupper

28 Kleiner Bartmannskrug. Kugeliger Körper auf kräftigem
Fuß, enger Hals mit abgesetzter Lippe. Reliefdekor: am Hals
bärtiges Männergesicht, auf der Wandungsmitte schmaler
Rankenfries mit kleinen Köpfen, daneben Akanthusblätter,
spitze Blattornamente und Rundmedaillons mit Köpfen.
Braun engobiert, salzglasiert.
Köln, Mitte 16. Jh.   **ca. 8000,–**
Slg. Oesterle, München

◁ **29 Bartmannskrug.** Am Hals Bart-
maske, auf der Wandungsmitte Fries
mit Grotesken. Daneben stehende
und hängende Akanthusblätter, ovale
Blattmasken und auf der oberen
Wandungshälfte große und kleine Rund-
medaillons mit Profilköpfen.
Fleckig braune Oberfläche, salzglasiert.
Köln, Mitte 16. Jh.
Zinndeckel (wohl 16. Jh.). Höhe 19,5 cm
Slg. Oesterle, München
Farbtafel 1   8000,–/12000,–

30 Bartmannskrug, birnförmig. Am
Hals große rechteckige Bartmaske,
auf der Wandungsmitte schmaler
Rankenfries, davon ausgehend
Akanthusblätter. Auf der Wandung ver-
streut Rundmedaillons mit dem Kopf
eines Kriegers.
Braun engobiert, salzglasiert.
Köln, Mitte 16. Jh.
Späterer Zinndeckel. Höhe 23 cm
Lempertz, Köln   5000,–/7000,–

32 Bartmannskrug. Birnförmig mit schlankem Hals, erweiterte, profilierte Lippe. Am Hals Bartmanngesicht mit rundem Bart. Auf der Wandungsmitte Fries mit sich wiederholender Inschrift: »DEIS HEREN WERT BLEIFT IN EVIGKEIT«. Zwischen Akanthusblättern Rundmedaillons mit männlichen Profilköpfen.
Braun engobiert, salzglasiert.
Köln-Frechen, Mitte 16. Jh.
Zinndeckel.
Höhe ca. 20 cm   **über 15000,–**
Lockner, Würzburg

31 Bartmannskrug, birnförmig.
Am Hals große rechteckige Bartmaske, auf der Wandung Rankenfries, Akanthusblätter, Rundmedaillons mit Köpfen und Beerennoppen.
Grau-braun gesprenkelte Oberfläche, salzglasiert.
Köln, Mitte 16. Jh.
Höhe 25 cm   **6000,–/8000,–**
A. Krings, Köln

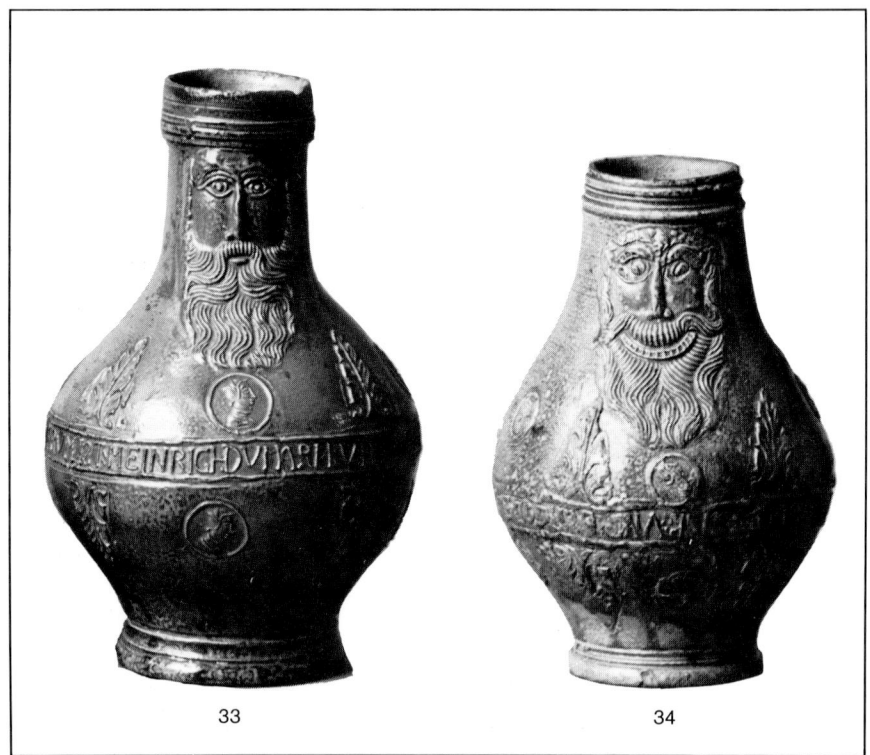

33   34

35   36

33 Bartmannskrug. Bartmaske mit rundem Bart, Akanthusblätter, Rundmedaillons mit Profilköpfen und Inschriftenfries.
Braun engobiert, salzglasiert.
Köln-Frechen, Mitte 16. Jh.
Höhe 26 cm   6000,–/8000,–
Lempertz, Köln

34 Bartmannskrug. Bartmaske mit rundem Bart und lachendem Ausdruck. Akanthusblätter, Rundmedaillons mit Profilköpfen und Inschriftenfries mit »DRINCK UND EST–GODES« (zu ergänzen: NIT VERGESST).
Braun engobiert, salzglasiert.
Frechen, 2. Hälfte 16. Jh.
Höhe 20 cm   **ca. 4000,–**
Lempertz, Köln

35 Krug. Kugelförmiger Körper auf abgesetztem Fuß, Zylinderhals mit abgesetzter Lippe.
Ein brauner Anguß bedeckt den größten Teil der sonst schmucklosen Wandung. Salzglasur.
Frechen, Mitte 16. Jh.
Höhe 16 cm   **800,–/1000,–**
A. Krings, Köln

36 Krug. Kugelförmiger Körper mit weitem Zylinderhals. Glatte Wandung mit Anguß, welcher den Fußteil nicht bedeckt.
Braune, gesprenkelte Oberfläche, Salzglasur.
Frechen, 2. Hälfte 16. Jh.
Höhe 16 cm   **500,–/800,–**
A. Krings, Köln

37 Großer Bartmannskrug. Auf abgeplatteter Standfläche kugelförmiger Körper, der in einen engen Hals übergeht. Am Hals Bartmaske, auf der Wandung drei große runde Auflagen: auf der Schauseite der doppelköpfige Reichsadler und die Jahreszahl 1604, seitlich Porträtkopf mit Umschrift.
Braun engobiert, salzglasiert. Tupfen kobaltblauer Bemalung.
Frechen, datiert 1604.
Zinndeckel.
Höhe ca. 30 cm   **über 20000,–**
Lockner, Würzburg

38 Großer Krug. Auf der Wandung drei große Wappenauf-
lagen, daneben Masken und Blätter. Auf der Schulter gestem-
pelte Ornamente, am Hals eine Blattmaske. Tauhenkel.
Braun engobiert, salzglasiert. Blaue Kobalttupfen.
Frechen, um 1600.
Zinndeckel. Höhe 40 cm   **über 15000,–**
Neumeister, München

39 Bartmannskrug. Bauchiger Körper mit eingezogenem Fuß,
enger Hals mit profilierter Lippe. Fratzenhafte Bartmaske.
Auf der Wandung drei große ovale Wappenauflagen.
Braun engobiert, salzglasiert.
Frechen, datiert 1608.
Höhe 38 cm   **über 15000,–**
A. Krings, Köln

40 Bartmannskrug. Eiförmiger Körper und enger Hals mit Bartfratze. Auf der Schauseite der Wandung ovale Auflage mit dem Stadtwappen von Amsterdam.
Braune Engobe, die den Fuß nicht bedeckt. Salzglasur.
Frechen, um 1600.
Höhe 21 cm   **2 000,–/3 000,–**
Bödiger, Bonn

41 Bartmannskrug mit einfacher Bartfratze und ovaler Auflage mit Sternrosette als Schauseitenzier.
Braune, teilweise verlaufene Engobe, Salzglasur.
Frechen, 17. Jh.
Höhe 23 cm   **2000,–/2500,–**
Ruef, München

40   41

42 Bartmannskrug mit Bartfratze, auf der Wandung drei Rosettenauflagen.
Braune verlaufene Engobe, Salzglasur.
Frechen, Anfang 17. Jh.
Höhe 20 cm   **1 200,–/1 800,–**
Kunsthaus am Museum, Köln

43 Bartmannskrug mit stark stilisierter Bartmaske, auf der Schauseite der Wandung einfache Rosettenauflage.
Teilweise braun engobiert, salzglasiert.
Frechen, 17. Jh.
Höhe 19 cm   **1 000,–/1 500,–**
Kunsthaus am Museum, Köln

42   43

Raeren

Raeren, früher einer der bedeutendsten Töpferorte, in denen »rheinisches Steinzeug« hergestellt wurde, liegt in der Nähe von Aachen, heute auf belgischem Gebiet. Durch reiche Tonvorkommen begünstigt, wurden in Raeren und mehreren Ortschaften der Umgebung schon seit der Mitte des 12. Jahrhunderts Töpferwaren hergestellt. Die eigentliche Blütezeit erlebte die Töpferei der Region in Raeren nach der Mitte des 16. Jahrhunderts. Damals ließen sich einige aus Köln abgewanderte Töpfer dort nieder. Da sie ihre eigenen Methoden der Steinzeugherstellung – was Formen und Verzierungen anbetrifft – beibehielten, ist es oft schwierig, Kölner von Raerener Erzeugnissen zu unterscheiden.

Nach dem Oxydationsbrand hat Raerener Steinzeug einen dunkelgrauen Scherben und Braunfärbung der Oberfläche, die oft durch einen Anguß intensiviert wird. Salzglasur war seit dem Anfang des 16. Jahrhunderts üblich. Die Oberfläche ist meist glatter und gleichmäßiger gefärbt als bei Kölner Erzeugnissen. Ende des 16. Jahrhunderts gelang es, im Reduktionsbrand Krüge mit grauer Oberfläche herzustellen. Mit dem grauen Grund war die geeignete Voraussetzung für die Bemalung der Gefäße mit Kobaltblau geschaffen. Damit war der Steinzeugtyp entwickelt, der später die Produktion des Westerwaldes beherrschte.

Um 1500 wurden in Raeren *Gesichtskrüge* hergestellt, die auch für Aachen belegt sind, wo Steinzeug bis ins erste Viertel des 16. Jahrhunderts getöpfert wurde (Nr. 5). Eine Raerener Eigenheit sind *Dreihenkelkrüge,* die wie auch *Kugelbauchkrüge* auf der Wandung runde Reliefauflagen tragen. Zur weiteren Produktion gehören *Pinten, Schnellen, Bartmannskrüge* und *Stegkannen.* Diese Gefäßtypen stehen in der Tradition von Köln und Siegburg. Die besondere Leistung Raerens besteht aber in der Entwicklung der sog. *Bilderkrüge,* die ungefähr ab 1570 hergestellt wurden. Bei diesen eiförmig gebauchten Gefäßen wird die Wandung durch Profilkehlen und Grate horizontal gegliedert, und zylindrische Mittelzonen bieten den geeigneten Grund für umlaufende Relieffriese. Nach den Dekormotiven unterscheidet man u. a. Kurfürsten-, Bauerntanz-, Susannen-, Pelikan- und Wappenkrüge.

Die Bildfriese werden meist von erklärenden Inschriften oder Sinnsprüchen begleitet, die manchmal schwer zu entschlüsseln sind, da sie unvollständig oder orthographisch ungenau wiedergegeben sind. Häufiger als in Siegburg, wo biblische Darstellungen überwiegen, werden in den Raerener Reliefauflagen profane Themen gestaltet. Zahlreich sind vor allem Auflagen mit Wappendarstellungen von Herrschern, Adelsgeschlechtern, Städten und Bürgern.

Die Reliefauflagen sind häufig signiert und datiert, so daß teilweise festgestellt werden kann, auf welche Meister bestimmte Relieffriese zurückgehen, die dann häufig von anderen Werkstätten in Raeren und später im Westerwald übernommen wurden.

Außer Reliefdekor wandten die Raerener Töpfer auch den Kerbschnitt zur Verzierung ihrer Arbeiten an. Um 1600 wurde außerdem gestempelter Dekor eingeführt, der später auch im Westerwald häufig angewandt wurde. Mit Buchsholzstempeln wurden zur Belebung der Gefäßwandungen Rosetten, Palmetten, Blattwerk und Herzornamente eingedrückt. Der Stempeldekor, der sich vor allem auf den grauen, blau bemalten Arbeiten durchsetzte, trat dann auch zusammen mit eingeritzten Rankenmustern auf und verdrängte die figürlichen Relieffriese.

Eine überragende Stellung nimmt unter den Raerener Töpfern Jan Emens Mennicken (tätig 1568-94) ein. Mit Präzision ausgearbeitete Auflagen auf phantasievoll gestalteten Gefäßen zeichnen sein Werk, das in allen großen Museen vertreten ist, aus. Ihm ist auch die Entwicklung des grauen Steinzeugs mit Blaubemalung zuzuschreiben. Aus der Familie der Mennicken sind weitere bedeutende Meister zu nennen: Baldem Mennicken (tätig um 1575-85), Jan Baldems Mennicken (tätig um 1589-1613, Sohn des Baldem) und Jan Mennicken (um 1580-95). Außerdem machten sich die Familien Kalf und Kran einen Namen als gute Töpfer.

Nach 1600 wanderten manche Töpferfamilien in den Westerwald ab. Dort errichteten sie z. B. in Grenzau und Grenzhausen neue Werkstätten. In dieser Zeit begann langsam der Niedergang der eigenständigen Töpferei in Raeren. Die Erzeugnisse sind nun in Form und Dekor abhängig von Vorbildern aus dem Westerwald und von diesen kaum zu unterscheiden. Im 19. Jahrhundert wurde in Raeren zwar noch getöpfert, jedoch stellte man nur noch Geschirre für den täglichen Bedarf her. Die künstlerische Blütezeit war längst vorbei.

44

45

46

47

44 Kugelbauchkrug mit weitem Zylinderhals. Auf der Wandung drei runde Wappenauflagen, auf dem Hals breites Band mit Querrillen.
Braun engobiert, salzglasiert.
Ende 16. Jh.
Höhe 16 cm　　　　　　ca. **4000,–**
Ruef, München

45 Kugelbauchkrug mit hohem Zylinderhals. Auf der Wandung drei ovale Wappenauflagen, auf dem Hals Querrillen.
Braun engobiert, salzglasiert.
Datiert 1559.
Höhe 27 cm
Steinbeck, Aachen

46 Dreihenkelkrug. Eiform mit abgesetztem Fuß, auf der Schulter Profilrillen, konischer Hals mit abgesetzter Lippe. Drei Henkel, die unten spitz auslaufen und auf der Wandung drei ovale Auflagen mit der Hausmarke des Merten Mennicken.
Rand bestoßen.
Braun engobiert, salzglasiert.
Letztes Viertel 16. Jh.
Höhe 23 cm　　　　　　ca. **6000,–**
Neumeister, München

47 Stegkanne. Birnform mit schlankem Hals, langer, leicht geschwungener Röhrenausguß, durch einen Steg in Form eines Armes mit dem Hals verbunden. Reliefdekor: auf der Wandung zwei ovale Auflagen mit antiken Göttinnen, die Ausgußröhre mit Masken, unter der Lippe breiter Fries mit Arabesken.
Braun engobiert, salzglasiert.
Art des Jan Emens, um 1570/80.
Zinndeckel. Höhe 28cm
　　　　Metropolitan Museum, New York

48 Krug. Kugeliger Körper, auf der Schulter zwei Kreisrillen.
Sehr enger Hals, über einem profilierten Wulstring hohe, etwas
breitere Lippe. Unten spitz auslaufender Henkel. Auf der
Wandung drei ovale Reliefauflagen mit Wappen und Umschrift:
»WILHELMIS VAN NESSELRAED VND WILHELMA VAN SDRID-
HAGEN SINE HOVSFROVW 1592«.
Braun engobiert, salzglasiert.
Datiert 1592.
Zinndeckel. Höhe 24 cm   **ca. 8000,–**
Slg. Oesterle, München

49 Krug mit Pelikanfries. Eiform auf kräftigem Fuß, über dem
Mittelfries breite Kehle, Zylinderhals mit Querrillen. Auflagen auf
dem breiten Mittelfries: rundes, von zwei Greifen gehaltenes
Medaillon mit Pelikan, seine Jungen nährend. Inschrift: »JVNGER
GESEL HALT DICH WERM VERFVL NIT DEINEN DRIM BIST
DEN FRVWEN NIT ZV HVLT SO STET DV WVL«. Daneben zwei
Wappen. Auf der Schulter gestempelte florale Ornamente.
Braun engobiert, salzglasiert.
Um 1600.
Zinndeckel. Höhe 31 cm   **ca. 10000,–**
Ruef, München

50

51

50 Krug mit Kurfürstenfries. Auf dem Mittelfries die sieben Kurfürsten mit ihren Wappen unter Arkadenbögen. Auf Schulter und Ablauf Kanneluren und gestempelte florale Ornamente. Halsfries mit Beschlagwerk zwischen Masken. Haarriß.
Braun engobiert, salzglasiert.
Datiert 1602.
Zinndeckel. Höhe 29,5 cm   **ca. 5000,–**
Neumeister, München

51 Krug mit Kurfürstenfries, ähnlich dem vorigen Beispiel. Auf der Schulter gestempelte Herzen und Ranken. Der Halsfries mit Blütenrosetten zwischen Masken.
Datiert 1603.
Zinndeckel. Höhe 24 cm   **ca. 6000,–**
Lempertz, Köln

52 Zwei Krüge mit Bauerntanz. Mittelfries mit tanzenden Bauernpaaren unter Arkadenbögen. Darunter schmales Band mit der Inschrift: » GERHET DV MVS DAPER BLASEN SO DANSSEN DEI BVREN ALS WEREN SI RASEN EIS VF SPRICH BASTOR ICH VER DANS DI KAP MIT KOR 1598«. Bei einem Krug Halsfries mit Männer- und Frauenbüsten in Rundbogenfenstern, beim anderen breites Rillenband auf dem Hals.
Braun engobiert, salzglasiert.
Datiert 1598.
Links: Zinndeckel.
Höhe 24 cm   **5000,–/6000,–**
Rechts: Späterer Zinndeckel.
Höhe 24 cm   **4000,–/5000,–**
Neumeister, München

52

53 Krug mit Soldatenfries. Eiform, zwischen Profilringen Mittelfries mit aufgelegten Landsknechten mit Waffen unter Arkadenbögen. Auf der Schulter gestempelte florale Ornamente. Halsfries mit Masken und Blütenrosetten. Braun engobiert, salzglasiert.
Um 1600.
Höhe ca. 25 cm **ca. 15000,–**
Lockner, Würzburg

54 Schnelle. Hohe, konische Wandung, über der Standfläche ein Wulstring mit Kerbschnitt, oberhalb der Mitte ein Fries mit dem Bauerntanz (wie bei den beiden Krügen der Abb. 52). Auf dem unteren Wandungsteil drei ovale Medaillons mit Frauenbüsten in breiter Umrandung mit Pflanzenornamenten und Fabeltieren. Über dem Fries drei ovale Wappenauflagen, unter der Lippe ein Wulstring mit kleinen Löwenkopfauflagen. Braun engobiert, salzglasiert.
Datiert 1595.
Zinndeckel. Höhe ca. 30 cm   **über 30000,–**
Lockner, Würzburg

55 Krug. Eiform mit hoher zylindrischer Mittelzone, durch kräftigen Wulstring abgesetzte Schulter, Zylinderhals mit abgesetzter Lippe. Auf der Mittelzone drei runde Medaillons mit eingeschnittenen Sternen, daneben reich verzweigte eingeschnittene Ranken mit gestempelten Blüten, darunter in Blüten endende Kanneluren. Auf der Schulter Zirkelschlagornamente, Netzwerk und gestempelte Rosetten. Halsfries mit Maskenauflagen.
Graue salzglasierte Oberfläche, Bemalung mit dunklem Kobaltblau.
Ende 17. Jh.
Höhe ca. 35 cm   **ca. 12000,–**
Lockner, Würzburg

F 3 Krug mit Vermeilmontierung.
Glatter, kugeliger Körper, auf dem zylindrischen Hals zwischen zwei Profilbändern feine Reliefauflagen: Madonna
mit Kind in einem von geflügelten Putten
gehaltenen Blattkranz.
Braun engobiert, salzglasiert.
Raeren, signiert Jan Emens, datiert
1574.
Henkel und reich verzierte Montierung
aus vergoldetem Silber.
(England, Ende 16. Jh.), Höhe 29 cm
Slg. Oesterle, München

56 Flachkanne. Auf rundem Fuß flach gedrückter runder Körper, enger, profilierter Hals, unter der Schnauze aufgelegte Bartmaske. Auf der Schauseite große runde Wappenauflage. Daneben gestempelte Rosetten.
Graue salzglasierte Oberfläche, Bemalung mit Kobaltblau.
Signiert Jan Emens, datiert 1589.
A. Krings, Köln   **über 30000,–**

57 Krug, kugeliger Körper, zylindrischer Hals mit abgesetzter Lippe. Auf der Bauchmitte ovale Auflage mit einer Blattmaske in breiter Umrandung mit Ranken. Daneben reich verzweigte eingeschnittene Ranken mit gestempelten Blüten. Halsfries mit Masken in Rundmedaillons, dazwischen Vögel und Blattwerk.
Graue salzglasierte Oberfläche, Bemalung mit dunklem Kobaltblau.
Im Halsfries signiert I. M. (Jan Mennicken) und datiert (15)95.
Vermeildeckel mit Gravur von 1608.
Höhe 22 cm   **ca. 8000,–**
Slg. Oesterle, München

58 Krug. Bauchiger, eiförmiger Körper mit Zylinderhals. Auf der Wandung drei ovale Auflagen mit Rudolf II. von Habsburg, die mittlere zwischen zwei Löwen. Umschrift der Auflagen: »RVDOLPHES D G ROM IMPERAT SEM AVG GERM HVNGAR BOHEM«. Auf der Schulter zwei versetzte Reihen von quadratischen Löwenkopfauflagen, Halsfries mit Masken zwischen Blattwerk.
Braun engobiert, salzglasiert.
Datiert 1604.
Zinndeckel. Höhe 37 cm   7000,–/8000,–
M. Neukirchner, Bad Breisig

59 Krug. Kugeliger, durch einen profilierten Wulstring unterteilter Körper. Auf der oberen Wandungshälfte Netzwerk (Kerbschnitt), darunter eingeschnittene, senkrechte Bänder. Halsfries mit Köpfen in ovalen Medaillons, daneben Vögel auf Ranken.
Braun engobiert, salzglasiert.
Anfang 17. Jh.
Zinndeckel. Höhe ca. 20 cm   **ca. 5000,–**
Ruef, München

61

60 Schnelle. Schlanke konische Wandung, an den Randzonen kräftige Rillenbänder. Auf der Mittelzone drei Auflagen, auf der Schauseite die Opferung Isaaks unter einem stehenden Engel.
Braun engobiert, salzglasiert.
Datiert 1570.
Höhe 39 cm   **5000,–/7000,–**
M. Neukirchner, Bad Breisig

61 Walzenkrug. Auf den Randzonen Perlfriese zwischen Rillenbändern. Auf der Schauseite große ovale Wappenauflage.
Braun engobiert, salzglasiert.
Mitte 18. Jh.
Zinndeckel. Höhe 27 cm   **ca. 3000,–**
Neumeister, München

Ähnliche Krüge werden auch Duingen zugeschrieben (siehe S. 105).

60

Westerwald

Im Westerwald entstand die Steinzeugart, welche die weiteste Verbreitung fand: die graue, salzglasierte Ware mit blauer Bemalung. Sie wurde so bekannt, daß unter dem Begriff Steinzeug oft vor allem die Westerwälder Erzeugnisse verstanden werden, die als Bierhumpen, Mostkrüge, Schmalz- oder Krauttöpfe teilweise heute noch in den Haushalten und Gaststätten in Gebrauch sind.

Besonders große Tonvorkommen ermöglichten seit dem 17. Jahrhundert eine enorme Produktion, die bis heute fortbesteht. In den traditionellen Töpferorten dieser Region, Höhr, Grenzhausen und Grenzau geht das Handwerk bis ins Mittelalter zurück. Den Aufschwung erlebte es, als – wie schon erwähnt – am Ende des 16. Jahrhunderts Töpferfamilien aus Siegburg und Raeren zuwanderten.

Im Westerwald wurde nur das graue, salzglasierte Steinzeug hergestellt, das schon in Raeren entwickelt worden war und wofür sich der dort gefundene Ton besonders eignet. Als zweite Farbe zur Bemalung kam nach 1650 neben dem Kobaltblau das Manganviolett hinzu. Im 17. und 18. Jahrhundert beherrscht die Westerwälder Ware den Steinzeugmarkt, und bis zum Ende des 19. Jahrhunderts wurden einfache Haushaltswaren in riesigen Mengen hergestellt. Bis heute gibt es in der Gegend von Höhr-Grenzhausen zahlreiche weiterbestehende Werkstätten.

Zu Anfang des 17. Jahrhunderts wurden vor allem Krüge und Kannen in der Tradition von Siegburg und Raeren hergestellt. Die Reliefornamente wurden zum Teil aus Matrizen gewonnen, die die zugewanderten Töpfer mitgebracht hatten. Deshalb sind zahlreiche Krüge überliefert, die Signaturen von Christian Knütgen oder Hans Hilgers (Siegburg) oder Jan Emens (Raeren) tragen. Aufgrund von Scherbenfunden und stilistischen Einzelheiten sind diese Arbeiten für den Westerwald gesichert. Zunächst hatten die Krüge die von Raeren bekannten Bildfriese (z. B. Kurfürsten- oder Bauerntanzfriese). Später wurden dann kugel- oder eiförmige Krüge üblich, die durch einen Wulstring auf der Bauchmitte gegliedert sind.

Ohne fremden Einfluß entwickelte sich im Westerwald die Form der *Humpen.* Diese hatten zunächst durch Wulst- oder Profilringe gegliederte Wandungen, im 18. Jahrhundert herrschte dann die einfache Walzenform vor. *Kugelbauchkrüge* waren Ende des 17. und Anfang des 18. Jahrhunderts üblich. *Enghalskrüge,* die sicher von Fayence-Formen beeinflußt waren, wurden von der Mitte des 17. bis in das 19. Jahrhundert hergestellt. Besonders verbreitet waren *Birnkannen* und *Birnkrüge,* die Ende des 17. Jahrhunderts mit tief liegendem Bauch straff geformt waren, später eher eiförmig wurden. Zu den weiteren Formen gehören die seltenen *Flaschen* und *Schraubflaschen* (Kruken), *Fäßchen, Teekannen,* aber auch (im Katalog z. T. mit keiner Abbildung vertreten) Schreibzeuge, Salzschalen, Weihwasserbecken, figürliche Plastiken und Teller, von denen zwar zahlreiche in Museumsbesitz sind, die heute aber kaum auf dem Kunstmarkt zu finden sind.

Im 17. Jahrhundert wurden die Gefäße mit Reliefauflagen verziert, zunächst noch mit Bildfriesen, später dann mit kleinen Ornamentauflagen wie beispielsweise kleinen Rosetten oder Margeritenblüten. Im 18. Jahrhundert wurden die Reliefauflagen spärlicher, anfänglich wurden sie noch in Verbindung mit gestempelten und geritzten Ornamenten verwendet, später ganz aufgegeben. Knibisornamente treten ab dem zweiten Viertel des 18. Jahrhunderts auf und dienen oft als Umrandungen für die bemalten geritzten Ornamente. Im 19. Jahrhundert herrschen volkstümliche Ritzornamente vor und in der Spätzeit beschränkt sich der Dekor auf einfache aufgemalte Motive.

Außer in den schon genannten Orten Höhr, Grenzhausen und Grenzau arbeiteten in Hilgert schon im 17. Jahrhundert Steinzeugtöpfer. Nach Scherbenfunden kann man vor allem Humpen mit aufgelegten Städteansichten diesem Ort zuweisen. Spätestens im 18. Jahrhundert breitete sich die Herstellung des grauen Steinzeugs mit Blaubemalung über den Westerwald hinaus aus. Töpfer ließen sich in zum Teil weit entfernten Orten nieder und stellten ihre Ware wie gewohnt her. Teilweise wurde dabei der Ton aus dem Westerwald importiert. So wissen wir von Werkstätten im Hunsrück, in der Eifel (Speicher), im Bonner Raum (Adendorf, Meckenheim und Gelsdorf), in der Pfalz, im Saarland und im Elsaß (in Oberbetschdorf wird heute noch Steinzeug hergestellt). Weitere wichtige Töpferzentren befanden sich auch in Hessen: im Lahntal bis in den Raum Gießen und Nordspessart (Steinau).

Die gesamte Problematik der Herstellung des grauen, salzglasierten Steinzeugs außerhalb des Westerwaldes ist noch ungenügend erforscht. Der Begriff »Westerwälder Steinzeug« soll hier weniger die genaue Herkunft bezeichnen als gleichartige Töpferwaren zusammenfassen, die möglicherweise auch aus ganz verschiedenen Gegenden stammen. Bei entsprechender Brandführung konnte auch in Töpferzentren mit völlig anderer Entwicklung graues Steinzeug hergestellt werden (z. B. Muskau). Es ist durchaus denkbar, daß graue Walzenkrüge mit blau bemaltem Ritzdekor, die dem Westerwald zugeschrieben werden, teilweise aus Mitteldeutschland stammen. Die auf solchen Krügen sehr häufig zu findenden sächsischen Zinndeckel könnten hierfür sprechen.

KRÜGE MIT MITTELWULST ODER
RELIEFFRIES

62 Krug. Kugeliger Körper auf kräfti-
gem Fuß, in der Mitte ein Wulstring,
darunter Kanneluren. Auf der oberen
Wandungshälfte Spitzbogenfelder mit
gestempelten floralen Ornamenten, in
den Zwickeln Netzwerk. Auf dem zylindri-
schen Hals aufgelegte Ranken und
Masken.
Bemalung mit Kobaltblau.
Erste Hälfte 17. Jh.
Höhe 17 cm   **ca. 2000,–**
Neumeister, München

63 Krug. Kugeliger Körper mit Mittel-
wulst, darunter Kanneluren. Auf der
oberen Wandungshälfte Netzwerk und
gestempelte Blattornamente. Am Hals
drei Wulstringe.
Bemalung mit Kobaltblau.
Erste Hälfte 17. Jh.
Zinndeckel.
Höhe 19 cm   **2500,–/3000,–**
Neumeister, München

62   63

64 Zwei Vexierkrüge mit Wulstring,
auf der unteren Wandungshälfte Kanne-
luren, auf der Schulter Zoneneinteilung
mit Netzwerk, gestempelte Ornamente.
Am Hals durchbrochene Rundbogen-
fenster, darüber Wulstring mit seit-
licher Tülle. (Der Krug kann nur durch
eine Röhre geleert werden, die vom
Gefäßboden durch den Henkel zu der
Tülle verläuft).
Bemalung mit Kobaltblau.
Beide um 1600.
Zinndeckel.
Höhen: 20 und 19 cm
                je 6000,–/8000,–
Links: Slg. Oesterle, München
Rechts: von Negelein, Kiel

65 Kurfürstenkrug. Eiförmig, über einem Wulstring weit zurückgesetzter oberer Wandungsteil. Mittelfries mit Auflagen der Kurfürsten und dem Kaiser mit ihren Wappenschildern in Arkadenbögen (wie bei dem Raerener Krug Nr. 50). Auf dem unteren Teil Kanneluren, auf der Schulter Felder mit Kerbschnitt, gestempelte Ornamente. Halsfries mit Profilköpfen. Bemalung mit Kobaltblau.
Um 1600 (möglicherweise Raeren).
Zinnmontierung. Höhe 41 cm **über 15000,—**
A. Krings, Köln

66 Krug, eiförmig. Zwischen zwei Wulstringen hoher Relieffries mit acht Szenen aus der Geschichte vom barmherzigen Samariter unter Rundbogenarkaden. Auf Schulter und Ablauf Kanneluren und Netzwerk bzw. gestempelte Blumen. Halsfries mit Frauenköpfen und kreuzförmig angeordneten Herzen. Bemalung mit Kobaltblau.
Um 1620.
Zinndeckel. Höhe 28,3 cm

Schloß Cappenberg

68

67 Krug. Zwischen zwei Wulstringen
Relieffries mit acht Szenen aus der
Judith-Geschichte unter Rundbogen-
arkaden und einem schmalen Inschrif-
tenband. Auf der Schulter gestempelte
Blüten und Herzen. Halsfries mit Engels-
köpfen.
Bemalung mit Kobaltblau.
Anfang 17 Jh.
Zinnfußreif.
Höhe 32,5 cm   4000,–/5000,–
Neumeister, München

68 Krug mit der Judith-Geschichte. Er
ist größer als das vorige Beispiel und
unterscheidet sich von diesem vor
allem durch die Stempelornamente auf
der Schulter und durch einen anders
gestalteten Halsfries.
Anfang 17. Jh.
Zinndeckel.
Höhe 39 cm   6000,–/7000,–
Neumeister, München

67

68

69

70

69 Krug mit Bauerntanz. Auf dem
Mittelfries Reliefauflagen von tanzenden
Bauernpaaren in Rundbogenarkaden,
darüber schmales Schriftband (mit der
gleichen Inschrift wie bei den beiden
Judith-Friesen!). Halsfries mit Masken
und Blattwerk.
Bemalung mit Kobaltblau.
Anfang 17. Jh.
Zinndeckel.
Höhe 29 cm   ca. 5000,–
A. Krings, Köln

*Der Bauerntanzfries geht auf Raerener
Vorbilder zurück.*

70 Krug. Mittelfries mit Soldaten und
musizierenden Musketieren unter Rund-
bogenarkaden, mit Jahreszahl 1598.
Auf der Schulter gestempelte Rosetten.
Bemalung mit Kobaltblau.
Anfang 17. Jh.
Höhe 25,5 cm   4000,–/5000,–
Neumeister, München

*Der Musketier-Fries mit der Datierung
1598 stammt ebenfalls aus Raeren, er
wird Jan Baldems Mennicken zugeschrieben.*

71

72

71 Krug. Mittelfries mit den Werken der Barmherzigkeit. In Auflagen sind unter Arkadenbögen sieben Figurenszenen und das Jüngste Gericht dargestellt, auf den Kapitellen abgekürzte Beischriften.
Bemalung mit Kobaltblau.
Anfang 17. Jh.
Höhe 31,5 cm   5000,–/6000,–
A. Krings, Köln

72 Kanne mit den sieben Werken der Barmherzigkeit. Auf der Halsfront eine große Reliefmaske.
Bemalung mit Kobaltblau.
Anfang 17. Jh.
Zinndeckel.
Höhe 25 cm   4000,–/5000,–
Stuker, Bern

73

74

73 Krug. Mittelfries mit den Wappen der sieben Kurfürsten unter Arkadenbögen. Auf der Schulter gestempelte Blütenrosetten. Halsfries mit Masken und Grotesken.
Bemalung mit Kobaltblau.
Anfang 17. Jh.
Zinndeckel.
Höhe 26 cm   4500,–/5500,–
Stuker, Bern

74 Krug. Mittelfries mit umlaufender aufgelegter Jagdszene. Auf der Schulter gestempelte Blüten, Halsfries mit Engelsköpfen und Blüten.
Bemalung mit Kobaltblau.
Anfang 17. Jh.
Höhe 19 cm   2500,–/3000,–
Stuker, Bern

KRÜGE UND KANNEN MIT
KUGELBAUCH

75   Kleiner Kugelbauchkrug.
Auf profiliertem Fuß leicht gedrückter,
kugeliger Körper mit profiliertem, koni-
schem Hals. Auf der Wandung drei
versetzte Reihen von aufgelegten
Rosetten, welche jeweils von sieben
kleinen Blüten gebildet werden.
Lippenrand bestoßen.
Bemalung mit Kobaltblau.
Um 1700.
Höhe 14 cm   **ca. 1500,–**
Ruef, München

76   Kleiner Kugelbauchkrug. Auf der
Wandung sieben versetzte Reihen von
kleinen aufgelegten Blüten.
Bemalung mit Kobaltblau.
Anfang 18. Jh.
Zinndeckel.
Höhe 15,5 cm   **ca. 3000,–**
F. Ruzek, Stuttgart

77   Kugelbauchkrug. Auf der Wandung
fünf versetzte Reihen von Auflagen mit
jeweils vier kleinen Rosetten.
Bemalung mit Kobaltblau.
Anfang 18. Jh.
Höhe 18 cm   **1800,–/2500,–**
A. Krings, Köln

75

76

77

78

79

80

<< **78 Kugelbauchkrug.** Kugeliger Körper mit Zylinderhals,
Profilrillenband und abgesetzter Lippe. Auf der Wandung in
senkrechten Streifen aufgelegter Reliefdekor: in der Mitte
stehende Figur der Lukretia, sich erdolchend, mit Beischrift
»LVCRECIA«, darüber Reiter und darunter zwischen Ranken ein
Vogel und ein Fuchs.
Hellgrau, salzglasiert.
Um 1660/70.
Zinndeckel mit Gravur von 1691.
Höhe 23 cm   **5000,–/6000,–**
Würzburger Kunsthandel

79 Kugelbauchkrug. Kugeliger Körper, Zylinderhals mit Profil-
rillen. Auf der Wandung mit der Gabel geritzte Ranken mit
aufgelegten Blüten, Granatäpfeln und Blättern.
Bemalung mit Kobaltblau und Manganviolett.
Ende 17. Jh.
Silberdeckel mit Augsburger Meisterzeichen (um 1700).
Höhe 21 cm   **7000,–/8000,–**
M. Neukirchner, Bad Breisig

80 Großer Kugelbauchkrug. Auf der Wandung acht versetzte
Reihen von aufgelegten Lilien.
Bemalung mit Kobaltblau und Manganviolett.
Ende 17. Jh.
Zeitgenössischer Silberdeckel (Schweden).
Höhe 37 cm   **ca. 12000,–**
M. Neukirchner, Bad Breisig

81

82

83

81 Krug mit gestreckt kugeligem Körper und profiliertem Hals. Eingeritzter Dekor: stilisierte Blattranken zwischen zwei Reihen von gestempelten Doppelkreisen in Rauten.
Bemalung mit Kobaltblau.
Anfang 18. Jh.
Zinndeckel.
Höhe 16 cm   **2500,–/3000,–**
F. Ruzek, Stuttgart

82 Kugelbauchkanne. Kugeliger Körper, profilierter zylindrischer Hals, Lippenrand mit kleiner ausgebogener Schnauze. Auf der Wandung in senkrechten Streifen aufgelegte, symmetrisch angeordnete Herzen, Rauten und ineinander verschlungene Kreise.
Bemalung mit Kobaltblau und Manganviolett.
Um 1700.
Höhe 17 cm   **2000,–/2500,–**
Ruef, München

83 Kugelbauchkrug. Aufgelegter Dekor mit flachem Relief: abwechselnd waagrechte Reihen von Palmetten und Blüten zwischen zwei Reihen von Dreiecken.
Bemalung mit Kobaltblau und Manganviolett.
Um 1700.
Zinndeckel mit Gravur von 1732.
Höhe 34 cm   **3000,–/4000,–**
Dr. Nagel, Stuttgart

84 Kugelbauchkrug. Wandung mit Margeritenblüten dicht belegt.
Bemalung mit Kobaltblau.
Um 1700.
Zinndeckel und -fußreif.
Höhe 32 cm   **3000,–/4000,–**
Ruef, München

85 Kugelbauchkrug. Auf der Schauseite große Auflage mit bekröntem Allianzwappen und Jahreszahl 1710. Seitlich eingeritzte Ranken mit aufgelegten Blüten.
Bemalung mit Kobaltblau.
Datiert 1710.
Späterer Zinndeckel.
Höhe 24 cm   **3000,–/3500,–**
Ruef, München

86 Kugelbauchkrug. Der Zylinderhals mit feinen Querrillen, auf der Schauseite ovale Auflage mit dem Wappen des Landgrafen Karl von Hessen mit Umschrift und Jahreszahl 1687. Seitlich mit der Gabel geritzte Ranken mit aufgelegten Blüten.
Bemalung mit Kobaltblau und Manganviolett.
Datiert 1687.
Zinndeckel.
Höhe 17,5 cm   **4000,–/4500,–**
von Negelein, Kiel

84

85

86

87 Kugelbauchkrug. Auf der Schau-
seite ovale, von Lorbeerkranz umran-
dete Auflage mit den ligierten Initialen
WR unter einer Krone. Seitlich mit der
Gabel geritzte und mit Blüten belegte
Ranken.
Bemalung mit Kobaltblau.
Ende 17 Jh.
Zinndeckel.
Höhe 22 cm   **2200,–/3000,–**
Kunsthaus am Museum, Köln

*Das Monogramm W. R. steht für
»Wilhelmus Rex«, den von 1689-1702
regierenden Wilhelm III., König von
England.*

87

88 Kugelbauchkrug mit eingezogener >
Standfläche und profiliertem Zylinder-
hals. Auf der Schauseite ovale Auflage
mit feinem Relief: in einem Blattkranz
zwischen Ranken das bekrönte Mono-
gramm G. R., darunter ein geflügelter
Engelskopf. Der Rest der Wandung
mit geritzten Ranken zwischen Wellen-
bändern in Knibistechnik.
Bemalung mit Kobaltblau.
Um 1720.
Rest der Zinndeckelmontierung.
Höhe 30 cm   **4500,–/6000,–**
Neumeister, München

*Krüge mit dem Monogramm G..R. für
»Georgus Rex« kommen bei Westerwälder Steinzeug relativ häufig vor, wenn
auch meist in einfacherer Ausführung,
wie die folgenden Beispiele zeigen.
Sie wurden vermutlich hauptsächlich für
den Export nach England gefertigt. Die
frühesten der sogenannten »GR-Krüge«
stammen – wie dieser Krug – aus der
Regierungszeit des englischen Königs
Georg I. (1714-1727). Da ihm auf dem
Thron Georg II. (1727-60) und Georg III.
(1760-1820) nachfolgten, konnten GR-
Auflagen über einen langen Zeitraum
verwendet werden.*

89

90

91

89 Kugelbauchkrug (GR-Krug) mit gestreckt kugeligem Körper, Zylinderhals mit Querrillen. GR-Auflage wie bei voriger Nummer. Daneben eingeritzte Blattranken.
Bemalung mit Kobaltblau und Manganviolett.
Erste Hälfte 18. Jh.
Höhe 27 cm   ca. 2000,–
Lempertz, Köln

90 Kugelbauchkrug. GR-Auflage in großer geritzter Rosette, seitlich geritzte Ranken.
Bemalung mit Kobaltblau.
18. Jh.
Höhe 16,5 cm   1500,–/2000,–
F. Ruzek, Stuttgart

91 Kugelbauchkrug mit einfacher GR-Auflage. Seitlich geritzte Ranken und Blüten.
Bemalung mit Kobaltblau und Manganviolett.
18. Jh.
Zinndeckel. Höhe 19 cm   ca. 2000,–
Zeller, Lindau

92 Humpen. Zylindrische Wandung
mit abgesetzter Lippe; zwischen zwei
breiten Bändern mit kräftigen Profil-
rillen drei rechteckige Reliefauflagen
mit der stilisierten Ansicht der Stadt
Bonn und der Inschrift »1700 – BON«.
Risse.
Bemalung mit Kobaltblau.
Hilgert, um 1700.
Zinndeckel mit Gravur von 1726.
Höhe 22,5 cm   **2000,–/2500,–**
Dr. Nagel, Stuttgart

93 Humpen. Reliefdekor: zwischen
zwei Friesen mit Diamantbuckeln und
Herzen drei doppelt aufgelegte Quer-
ovale mit stilisierten Stadtansichten,
dazwischen stehende Krieger.
Bemalung mit Kobaltblau und Mangan-
violett.
Vermutlich Hilgert, um 1700.
Zinndeckel.
Höhe ca. 20 cm   **2400,–/2800,–**
Ruef, München

94 Humpen. Reliefdekor: zwischen
zwei Friesen mit Diamantbuckeln
stilisierte Hirsche und Jäger zwischen
Ranken.
Bemalung mit Kobaltblau und Mangan-
violett.
Anfang 18. Jh.
Zinndeckel.
Höhe 26 cm   **2500,–/3000,–**
Dr. Nagel, Stuttgart

95 Humpen. Zwischen zwei Friesen mit
Diamantbuckeln eingeritzte umlaufende
Ranke.
Bemalung mit Kobaltblau und Mangan-
violett.
Erste Hälfte 18. Jh.
Zinndeckel.
Höhe 19 cm   **2000,–/2400,–**
Dr. Nagel, Stuttgart

92

93

94

95

96 Walzenkrug. An den Rändern Reliefauflagen mit Vögeln zwischen Pflanzen. Auf der Wandungsmitte geritzter Dekor: senkrechte, schleifenförmige Ranken, die von fünf Stauden mit spitzen Blättern ausgehen. Auf den Blättern gestempelte Kreise.
Bemalung mit Kobaltblau.
Zweites Viertel 18. Jh.
Zinndeckel mit Gravur von 1741.
Höhe 28 cm   **3000,–/4500,–**
Privatbesitz

97 Humpen. Schlanke zylindrische Wandung; in der Mittelzone drei versetzte Reihen von aufgelegten kleinen Rosetten mit Netzwerk, daneben in zwei breiten Profilbändern Borten mit Rautenmuster.
Bemalung mit Kobaltblau.
18. Jh.
Zinndeckel.
Höhe 23 cm   1500,–/1800,–
Zeller, Lindau

98 Walzenkrug. Zylindrische Wandung. Dekor in verschiedenen Techniken: auf der Schauseite in einem großen Medaillon mit aufgelegter Umrandung geritzte florale Ornamente und gestempelte Traubenmotive. Daneben geritzte Ranken mit gestempelten Blüten. Sprung.
Bemalung mit Kobaltblau.
Erste Hälfte 18. Jh.
Zinnmontierung mit Deckelgravur von 1744.
Höhe 28 cm   3500,–/4500,–
Dr. Nagel, Stuttgart

99 Walzenkrug. In X-Form angeordnete Reliefauflagen mit Pferden teilen die Wandung in Felder mit geritzten floralen Ornamenten.
Bemalung mit Kobaltblau.
Erstes Drittel 18 Jh.
Zinndeckel mit Gravur von 1724.
Höhe 20,5 cm   3000,–/3500,–
Simmermacher, Freiburg

100 Walzenkrug. Zylindrische Wandung mit eingezogener Lippe, oben und unten schmale Bänder mit feiner Reliefauflage: Vögel und Ringe. Auf der breiten Mittelzone geritzte stehende Blütenstengel, umrandet von Knibisbändern.
Bemalung mit Kobaltblau.
Um 1730.
Zinnmontierung mit Deckelgravur von 1731.
Höhe 26 cm.   3300,–/4000,–
Dr. Nagel, Stuttgart

97   98

99   100

101   **Walzenkrug.** Auf der Wandung zwei umlaufende geritzte Akanthusranken zwischen Knibisbändern.
Bemalung mit Kobaltblau.
Erste Hälfte 18. Jh.
Zinndeckel. Höhe 24 cm   2500,–/3000,–
Privatbesitz

102   **Walzenkrug.** Geritzter floraler Dekor mit sternförmigen Blüten und Perlauflagen.
Bemalung mit Kobaltblau.
Um 1770.
Zinndeckel. Höhe 17 cm   ca. 2500,–
Ruzek, Stuttgart

103   **Walzenkrug.** Auf der ganzen Wandung eingeritzte Blütenranken mit gestempelten Ornamenten, teilweise auf schraffiertem Grund.
Bemalung mit Kobaltblau.
Zweite Hälfte 18. Jh.
Zinndeckel. Höhe 22,5 cm   ca. 2000,–
Ruef, München

104   **Humpen.** Zwischen zwei breiten Profilbändern ein umlaufender eingeritzter Blattzweig.
Bemalung mit Kobaltblau.
Zweite Hälfte 18. Jh.
Zinndeckel mit Gravur von 1786.
Höhe 24,5 cm   2000,–/2500,–
Kunsthaus am Museum, Köln

105   **Walzenkrug.** Geritzter, auf dem bemalten Grund ausgesparter Dekor: auf der Schauseite ein Blütenmotiv umgeben von drei springenden Hirschen. Daneben zwei Sterne und gestempelte Kreise.
Bemalung mit Kobaltblau.
Zweite Hälfte 18. Jh.
Zinndeckel. Höhe 21 cm   2200,–/2500,–
Privatbesitz

106 Walzenkrug. Eingeritzter Dekor: auf der Schauseite eine Ranke mit zwei Blüten in ovaler Umrandung, seitlich Ranken. Bemalung mit Kobaltblau.
Zweite Hälfte 18. Jh.
Zinndeckel mit Gravur von 1783.
Höhe 25 cm   ca. 2000,–
Neumeister, München

107 Walzenkrug. Eingeritzter Dekor: auf der Schauseite ein Vogel in einer Kartusche. Seitlich Ranken. Haarrisse. Bemalung mit Kobaltblau.
Zweite Hälfte 18. Jh.
Zinndeckel. Höhe 20,5 cm   1500,–/2000,–
Neumeister, München

108　**Walzenkrug.** Eingeritzter Dekor: auf der Schauseite ein Vogelpaar unter einer Krone und zwei Blüten, seitlich Akanthusranken.
Bemalung mit Kobaltblau.
Zweite Hälfte 18. Jh.
Späterer Zinndeckel. Höhe 23,5 cm　　　　**1800,–/2500,–**
Neumeister, München

109　**Walzenkrug.** Eingeritzter Dekor: auf der Schauseite zwei Blütenzweige in einer Kartusche.
Bemalung mit Kobaltblau.
Zweite Hälfte 18. Jh.
Zinndeckel von A.S. Träncker, Dresden, mit Gravur von 1761.
Höhe 21 cm　　　　**2000,–/2500,–**
Neumeister, München

110 Walzenkrug. Eingeritzter floraler Dekor.
Bemalung mit Kobaltblau.
Zweite Hälfte 18. Jh.
Zinndeckel von J. P. Böhmer, Dresden, mit Gravur von 1769.
Höhe 21 cm   **1500,–/2000,–**
Neumeister, München

111 Humpen. Zwischen zwei Rillenbändern gestempelter Dekor: Sterne in Rundfeldern und Kreise.
Bemalung mit Kobaltblau.
Ende 18. Jh.
Zinndeckel.
Höhe 22,5 cm   **1400,–/1800,–**
Ruef, München

112 Humpen mit Rillenbändern, auf der Mittelzone eingeritztes Zickzackmuster und stilisierte Blätter.
18./19. Jh.
Zinndeckel.
Höhe 21,5 cm   **800,–/1200,–**
Ruef, München

113 Humpen mit Rillenbändern, Mittelzone mit geritztem Wellenmuster.
18./19. Jh.
Zinndeckel.
Höhe 22,5 cm   **800,–/1200,–**
Ruef, München

110

111

112

113

114 Enghalskanne mit kugeligem Körper und engem Trichterhals. Aufgelegter Dekor: vorn großes Rundmedaillon mit einem Maskaron in einem Strahlenkranz, seitlich und auf dem Hals weitere Masken.
Bemalung mit Kobaltblau.
Mitte 17. Jh.
Zinndeckel.
Höhe 21,5 cm   **6000,–/8000,–**
v. Negelein, Kiel

Die Armee Friedrichs des Großen
in ihrer Uniformierung

gezeichnet und erläutert von

Adolph Menzel

Ingenieur-Corps

Kürassier-Regiment Prinz von Preußen (No. 2): Trompeter

DIE ABBILDUNGEN DES VORLIEGENDEN PROSPEKTS sind stark verkleinerte Reproduktionen aus dem monumentalen Tafelwerk Adolph Menzels „Die Armee Friedrichs des Großen in ihrer Uniformierung", das im Jahr 1851 abgeschlossen war.

MIT DER AKRIBIE, ja zuweilen fast Pedanterie eines preußischen Hof-Archivars und doch zugleich mit dem heiteren Genie eines in seinen Gegenstand verliebten Künstlers, hat Menzel sich an die schier unmöglich erscheinende Aufgabe gemacht, von jedem Regiment der damaligen preußischen Armee einen Offizier, einen Unteroffizier und einen Gemeinen in der korrekten Uniformierung mit allen ihren wesentlichen Details farbig darzustellen – das waren insgesamt über 300 Zeichnungen! Als Vorlagen dienten ihm zeitgenössische Musterbücher und Zeughaus-Inventarien, vor allem aber „eine zum Theil noch wohlerhaltene, bedeutende Anzahl militärischer Kleidungsstücke und Effekten". Die Lebendigkeit der Menzelschen Darstellungen läßt sich zweifellos durch die Tatsache erklären, daß der Künstler nach lebenden Modellen zeichnete, die sich diese alten Uniformen über-

zogen und sich darin vor ihm natürlich bewegten. So entstanden höchst reizvolle Szenen, vom stolz posierenden Husaren-Offizier bis zum behäbigen Profoß am Kachelofen die „erst die wahre Anschauung des Charakteristischen in der kriegerischen Erscheinung jener Zeit" geben.

FÜR ALLE FREUNDE UND SAMMLER militärhistorischer Dokumente und dekorativer Graphik erscheint jetzt eine bibliophil ausgestattete Halblederkassette mit einer Auswahl von 100 mehrfarbigen Faksimile-Reproduktionen aus dem großen Menzelschen Tafelwerk. Die Auswahl umfaßt die ganze Armee, von der Kavallerie über die Infanterie und die Artillerie bis zu den „Besonderen Corps", unter denen man so originellen Gestalten wie dem Invaliden, dem Postmeister, dem Feldprediger oder dem Feldapotheker begegnet. Jeder Tafel sind ausführliche Erläuterungen über das jeweilige Regiment beigegeben (Garnison, Kanton, Regimentschefs unter Friedrich dem Großen, Errichtung, Feldzüge, Standarten, Uniform, Verbleib usw.) – eine Fundgrube mit sonst kaum auffindbaren historischen Details aus einer der interessantesten und bewegtesten Zeiten der deutschen Geschichte.

TAFEL 32

Husaren-Regiment von Belling (Nr. 8)

Garnison.   Seit 1763 wie beim Husaren-Regiment von Seydlitz angegeben.

Ersatz.   Freiwillige Werbung.

Regimentschefs unter Friedrich dem Großen.   1761. 3. Januar Oberst Wilhelm Sebastian v. Belling, starb 1779 als G. L.
1779. 4. Dezember Oberst Karl August v. Hohenstock, erhielt als G. M. das Regiment Nr. 5.
1783. 18. Oktober Oberst August Ferdinand v. d. Schulenburg, starb als G. M. 1787.

Errichtung.   Anfang 1758 in Halberstadt zu 5 Eskadrons durch O. L. von Belling errichtet, Winter 1760/61 auf 10 und von April bis Juni 1761 in Sachsen auf 15 Eskadrons verstärkt. Nach dem Frieden blieb das Regiment zu 10 Eskadrons bestehen, wurde nach Pommern verlegt und übernahm die Garnisonen, sowie die rote Uniform des aufgelösten Husaren-Regiments von Seydlitz, vgl. dieses.

Aus den Feldzügen.   1758. In Böhmen und Franken, 1759 in Franken und der Oberpfalz, in der Schlacht bei Kunersdorf, dann nach Pommern gegen die Schweden, wo es 1760 und 1761 mit großer Auszeichnung focht, 1762 im Treffen bei Freiberg.

Uniform.   Die dargestellte Uniform wurde bis 1764 getragen. Bei den Offizieren war die Verschnürung von Gold. Jetzt Husaren-Regiment Fürst Blücher von Wahlstatt (Pommersches) Nr. 5.

TEXTPROBE

Husaren-Regiment von Belling (Nr. 8)

Die Armee Friedrichs des Großen in ihrer Uniformierung

gezeichnet und erläutert von Adolph Menzel

Eine Auswahl von 100 Tafeln in mehrfarbiger Faksimile-Reproduktion. Im Originalformat auf kostbarem Kunstdruckkarton. Jede Tafel liegt in einer Büttenpapier-Mappe, die jeweils eine ausführliche Beschreibung der verschiedenen Regimenter enthält. In bibliophiler Halblederkassette mit Goldprägung. DM 800,—

Für alle Freunde und Sammler militärhistorischer Dokumente und dekorativer Graphik sind diese Faksimile-Reproduktionen des Menzelschen Tafelwerkes herausgebracht worden. Die Auswahl umfaßt die ganze Armee, von der Kavallerie über die Infanterie bis zu den „Besonderen Corps", unter denen man so originellen Gestalten wie dem Invaliden, dem Postmeister, dem Feldprediger oder dem Feldapotheker begegnet.
Diese bibliophile Halblederkassette ist eine Fundgrube mit sonst kaum auffindbaren Details aus einer der interessantesten und bewegtesten Zeiten der deutschen Geschichte.

Bestellung

Bitte liefern Sie mir über die Firma _____

_____ Ex. Die Armee Friedrichs des Großen
in ihrer Uniformierung

gezeichnet und erläutert von

Adolph Menzel

DM 800,–

Name _____

Straße _____

PLZ/Ort _____

Datum/
Unterschrift _____

115 Enghalskanne. Auf der Schau-
seite ovale Auflage mit dem Wappen von
Amsterdam und der Signatur F. G. , um-
geben von einem Kranz gestempelter
Eicheln und einem Doppelring mit auf-
gelegten Buckeln. Seitlich senkrechte
Reihen von Löwenkopfauflagen
zwischen gestempeltem Eichblatt. Am
Hals Maskaron und zwei Löwenköpfe.
Haarriß.
Bemalung mit Kobaltblau.
Zweite Hälfte 17. Jh.
Höhe 27 cm   **ca. 6000,–**
Neumeister, München

116 Enghalskanne (Sternkanne).
Seitlich in zwei aus Doppelpunkt-
auflagen gebildeten Ringen gestempelte
Blattornamente und in der Mitte auf-
gelegte Masken. Die freien Flächen
ergeben – durch die Bemalung hervor-
gehoben – konzentrische Sterne. Am
Hals Reliefmaske und Rosetten.
Schnauze restauriert.
Bemalung mit Kobaltblau.
Zweite Hälfte 17. Jh.
Zinndeckel. Höhe 32 cm   **ca. 4000,–**
Neumeister, München

117 Sternkanne. Aufgelegter Dekor:
auf der Schauseite zwei konzentrische
Sterne und in der Mitte eine durch-
brochene Rosette. Seitlich zwei senk-
rechte Reihen von Rautenauflagen mit
Herzen und Grotesken. Am Hals Relief-
maske. Henkel aus Zinn ergänzt.
Bemalung mit Kobaltblau und Mangan-
violett.
Mitte 17. Jh.
Zinndeckel. Höhe 30 cm   **ca. 4000,–**
Stuker, Bern

118 Enghalskanne. Auf der Schau-
seite in einem Ring von aufgelegten
Rosetten eine durchbrochene Rosette.
Seitlich aufgelegte Blätter und Blüten.
Am Hals eine Löwenmaske.
Bemalung mit Kobaltblau.
Ende 17. Jh.
Höhe 25 cm   **ca. 6000,–**
A. Krings, Köln

115

116

117

118

119

120

121

121a

119 Enghalskanne. Auf der Wandung drei versetzte Reihen von ovalen Auflagen mit Engelsköpfen über einer Blüte. Am Hals Reliefmaske.
Bemalung mit Kobaltblau.
Ende 17. Jh.
Höhe 23 cm   **2500,–/3000,–**
Kunsthaus am Museum, Köln

120 Enghalskanne. Auf dem eiförmigen Gefäßkörper versetzte Reihen von aufgelegten Margeritenblüten. Am Hals Reliefmaske.
Bemalung mit Kobaltblau.
Ende 17. Jh.
Zinndeckel.
Höhe 38 cm   **3000,–/4000,–**
Ruef, München

121 Enghalskanne mit kugeligem Körper und hohem Hals mit abgesetzter Lippe und gedrückter Schnauze. Hals und Wandung werden durch Knibisbänder in Dreieckfelder mit geritztem Akanthus aufgeteilt. Fuß restauriert.
Bemalung mit Kobaltblau.
Hessen, Mitte 18. Jh.   **ca. 1800,–**
Dr. Nagel, Stuttgart

121a Enghalskanne. Hals und Wandung deckender Dekor: auf gestempeltem Schuppengrund drei geritzte Vögel und Blütenstengel.
Bemalung mit Kobaltblau.
Zweite Hälfte 18. Jh.
Höhe 31 cm   **3000,–/3500,–**
Stuker, Bern

122 Enghalskanne. Auf Hals und
Wandung vier waagrechte Reihen von
Blattauflagen zwischen feinen Knibis-
bändern.
Anfang 18. Jh.
Zinnmontierung.
Höhe 29 cm   **ca. 5000,–**
Würzburger Kunsthandel

123 Enghalskanne. Auf der Wandung sechs von aufgelegten Perlbändern umrandete ovale Felder mit geritzten stilisierten Tulpenstengeln. Daneben fächerförmige Ornamente in Knibistechnik und geritzte Ranken. Am Hals gestempelte geometrische Ornamente.
Bemalung mit Kobaltblau.
Hausen in Hessen (?), zweite Hälfte 18. Jh.
Höhe 29 cm   **ca. 2500,–**
Privatbesitz

124 Enghalskanne. Auf Wandung und Hals geritzte Blütenstengel.
Bemalung mit Kobaltblau und Manganviolett.
Zweite Hälfte 18. Jh.
Höhe 24 cm

Bergisches Museum,
Schloß Burg a. d. Wupper

125 Birnkrug. Auf der Wandung mit
der Gabel geritzte Ranken mit auf-
gelegten Blüten.
Bemalung mit Kobaltblau.
Um 1680.
Höhe 21 cm   2000,–/2500,–
Privatbesitz

*Krüge dieser Art werden auch Raeren zu-
geschrieben.*

126 Birnkrug. Auf der Wandung ver-
setzte Reihen von Margeritenauflagen.
Bemalung mit Kobaltblau.
Um 1700.
Zinndeckel.
Höhe 32 cm   3200,–/3500,–
Privatbesitz

127 Birnkrug. Auf der Schauseite eine
achteckige Auflage mit dem doppel-
köpfigen Reichsadler. Daneben mit der
Gabel geritzte und mit Blüten belegte
Ranken.
Bemalung mit Kobaltblau.
Ende 17. Jh.
Zinnmontierung.
Höhe 22,5 cm   2500,–/3200,–
Ruef, München

128 Birnkrug. Auf der Schauseite eine
achteckige Auflage mit dem doppel-
köpfigen Reichsadler, der Signatur PR
und Datierung 1676. Daneben aufge-
legte Blüten und mit der Gabel geritzte
Ranken.
Bemalung mit Kobaltblau.
Datiert 1676.
Zinnmontierung (19. Jh.).
Höhe 28 cm   3000,–/3500,–
Kunsthaus am Museum, Köln

125   126

127   128

129

130

129 Birnkrug. Auf der Schauseite runde Auflage mit Wappen. Daneben eingeritzte Ranken mit stilisierten Tulpenblüten.
Bemalung mit Kobaltblau und Manganviolett.
Zweite Hälfte 18. Jh.
Zinndeckel.
Höhe 21 cm   **1800,–/2500,–**
Bödiger, Bonn

130 Birnkrug. Über zwei waagrechten Knibisbändern eingeritzte Blattranken mit gestempelten Blüten.
Bemalung mit Kobaltblau.
Erste Hälfte 18. Jh.
Zinndeckel.
Höhe 18,5 cm   **2000,–/2500,–**
Kunsthaus am Museum, Köln

131

132

131 Birnkrug. Zwischen breiten Zonen mit fächerförmigen Knibisornamenten und stilisierten gestempelten Trauben eine geritzte Ranke mit gestempelten Blüten und rautenförmigen Blättern.
Bemalung mit Kobaltblau.
Mitte 18. Jh.
Zinndeckel.
Höhe 18 cm   **1800,–/2200,–**
Privatbesitz

132 Birnkanne mit siebenseitig abgeflachtem Körper, abgesetzter Lippe und gedrückter Schnauze. Auf der Wandung Rundmedaillons mit geritztem Akanthus und Sternrosetten auf Knibisgrund, auf dem Hals gestempelte Blüten, Sterne und Blattornamente. Beschädigter Henkel.
Bemalung mit Kobaltblau.
Hessen (Hausen ?), zweite Hälfte 18. Jh.

Zinndeckel.
Höhe 32 cm   **1500,–/1800,–**
Dr. Nagel, Stuttgart

133 Birnkanne. Auf der Wandung, zwischen zwei Knibis-bändern, schleifenartig geritzte, verzweigte Ranke mit fünf fächerförmigen Blüten in Knibistechnik, dazwischen und auf dem Hals gestempelte Ringornamente.
Bemalung mit Kobaltblau.
Mitte 18. Jh.
Zinndeckel. Höhe 36 cm   3000,–/3800,–
Dr. Nagel, Stuttgart

134 Kanne. Eiform mit abgeplatteter Standfläche, konisch er-weiterter Hals, an der Schnauze Reliefmaskaron. Auf der Wandung zwei geritzte Akanthusranken zwischen waagrechten Knibisbändern.
Bemalung mit Kobaltblau.
Erste Hälfte 18. Jh.
Zinndeckel von J. J. Hoffmann, Nürnberg (Ende 18. Jh.).
Höhe 33 cm   3000,–/3500,–
Dr. Nagel, Stuttgart

135 Grosse Birnkanne. Geritzter und gestempelter Dekor: zwischen zwei großen Vögeln ein rundes Medaillon mit einem Hirsch. Daneben Ranken mit Blüten, Sterne und Rosetten.
Bemalung mit Kobaltblau.
Steinau in Hessen ?, zweite Hälfte 18. Jh.
Höhe 40 cm   ca. **4000,–**
Privatbesitz

Derartige Kannen haben mit der wachsenden Nachfrage nach Volkskunst in den letzten Jahren besondere Beachtung gefunden. Entsprechend hoch sind deshalb heute die Preise. Sammler bewerten nicht selten vor allem Anzahl und Seltenheit der Tierdarstellungen.

F 4 »Westerwälder« Birnkannen mit geritztem Dekor: neben floralen Ornamenten ein Vogel, Hirsche und ein Pferd als Hauptmotive.
Bemalung mit Kobaltblau.
2. Hälfte 18. – 1. Hälfte 19. Jh.
Teilweise mit Zinndeckeln. Höhen: 40-65 cm
(die mittlere Kanne faßt über 17 Liter).

je 2000,–/4500,–

Privatbesitz

136

137

136 Drei Birnkannen mit geritzten
Vögeln und Blumenranke.
Bemalung mit Kobaltblau.
Zweite Hälfte 18./Anfang 19. Jh.
Zinndeckel.
Höhen 25-34 cm   **je 1500,–/2500,–**
Privatbesitz

137 Birnkanne. Auf der Schauseite ein
Medaillon mit einem geritzten Pferd mit
Satteldecke zwischen einer Blütenranke.
Bemalung mit Kobaltblau.
Hunsrück (?), drittes Viertel 19. Jh.
Höhe 37 cm   **1200,–/1500,–**
Privatbesitz (Slg. P. D.)

138 **Birnkanne** mit geritztem steigendem Pferd unter symmetrischem Blattornament und dem Monogramm G. H. in einem Herz.
Bemalung mit Kobaltblau.
Steinau in Hessen (?), Anfang 19. Jh.
Zinndeckel.
Höhe 25 cm   **1500,–/1800,–**
Privatbesitz

Die Initialen G. H. werden als für »Groß-herzogtum Hessen« stehend gedeutet.

139 **Birnkanne mit Deckel.** Geritzter Dekor: unter Blütenranken ein Vogel und unter dem Henkel ein Hirsch.
Bemalung mit stumpfem Kobaltblau.
Anfang 19. Jh.
Höhe 24 cm   **1500,–/2500,–**
Privatbesitz

Kaffeekannen aus dem Westerwald-Ge-biet sind selten.

138   139

140   141

140 **Birnkanne.** Geritzter Dekor: Vögel und Ranken, durch senkrechte Streifen in drei Zonen geteilt.
Bemalung mit Kobaltblau.
Erste Hälfte 19. Jh.
Höhe 41 cm
                    Bergisches Museum,
                    Schloß Burg a. d. Wupper

141 **Birnkanne.** Einfacher geritzter Dekor, auf der Schauseite eine Ranke mit Blüten.
Bemalung mit Kobaltblau.
Zweite Hälfte 19. Jh.
Zinnmontierung. Höhe 26 cm **ca. 800,–**
Ruef, München

142 Kanne. Eiform mit abgeplatteter Standfläche, Zylinderhals, abgesetzte Lippe mit gedrückter Schnauze. Auf der Schauseite große runde Wappenauflage, umrandet von gestempelten Blütenrosetten. Seitlich und auf der Schulter gestempelte Rauten, Kreise und Blüten.
Bräunliche Oberfläche, Bemalung mit stumpfem Kobaltblau.
Datiert 1708.
Höhe 44 cm   **ca. 4000,–**
Privatbesitz

143 Kanne, eiförmig. Auf der Schauseite rundes Medaillon mit einer geritzten stilisierten Blüte, umrandet von gestempelten Blütenrosetten. Seitlich gestempelte Palmetten.
Bemalung mit Kobaltblau.
18. Jh.
Zinndeckel. Höhe 39 cm   **ca. 2000,–**
Dr. Nagel, Stuttgart

143

142

98

144

145

146

144 Kugelbauchkrug mit engem Röhrenhals. Auf der Schulter eine Kreisrille und auf dem oberen Wandungsteil drei eingeritzte Kreise und gestempelte Blüten.
Bemalung mit Kobaltblau.
Erste Hälfte 18. Jh.
Höhe 29 cm   1 800,–/2 200,–
Privatbesitz

145 Kanne, eiförmig. Auf der Schauseite ein geritzter Eber zwischen Blättern. Seitlich je vier gestempelte Sterne.
Graubraune Oberfläche, Bemalung mit blassem Kobaltblau.
Zweite Hälfte 18. Jh.
Höhe 32 cm   2 000,–/2 500,–
Privatbesitz

146 Zwei Krüge, eiförmig. Einfacher, gemalter floraler Dekor und beim linken Krug gestempelte Rosetten.
Bemalung mit Kobaltblau.
18./19. Jh.
Höhen: 34,8 und 36 cm   500,–/800,–
Privatbesitz Aalten/NL.

147 Flasche. Kugeliger Körper mit vier Ösen zur Schnurführung, enger Röhrenhals mit einem Wulstring. Auf der Wandung Reliefauflagen: zwei sternförmige Rosetten, umgeben von Tulpenstengeln. Gestempelte Blüten und Blattornamente.
Bemalung mit Kobaltblau und Manganviolett.
Mitte 17. Jh.
Höhe 21 cm   **ca. 6000,–**
M. Neukirchner, Bad Breisig

148 Teekanne. Kugeliger Körper mit geschwungenem Röhrenausguß. Wulsthenkel. Dekor in Knibistechnik: eine umlaufende Blattranke und fächerförmige Ornamente. Gestempelte Kreise.
Unbemalt.
Ende 18. Jh.
Aus Silber ergänzter Deckel.
Höhe 18 cm   **1000,–/1200,–**
M. Neukirchner, Bad Breisig

149 Schreibzeug in Form eines hockenden Löwen, der ein kugelförmiges Tintenfaß hält. Flacher Sockel. Auf dem Tintenfaß Akanthusrelief. Der aufgesperrte Rachen des Löwen dient als Federkielhalter.
18. Jh.
Höhe 17 cm   **ca. 1500,–**
M. Neukirchner, Bad Breisig

147

148

149

150

151

152

150 Blumenübertopf in Form einer
Flora-Büste. Die vollplastisch ausge-
bildete Büste steht auf einem Rund-
sockel mit Längsbuckeln. Reiche Relief-
zier: Blumen, Blattwerk und Frucht-
bündel.
Grau, salzglasiert.
Zweite Hälfte 18. Jh.
Höhe 48 cm   **ca. 8000,–**
Würzburger Kunsthandel

151 Dreifingervase. Herzförmiger
Körper auf ovalem Fuß. Auf der Ober-
seite drei Tüllen zum Einstecken von
Blumen. In schmaler Umrandung ein
Wappenschild mit Helmzier und glattem
Feld.
Bemalung mit Kobaltblau.
Um 1700.
Höhe 13,5 cm   **ca. 3000,–**
Slg. Oesterle, München

152 Schraubflasche. Vierseitig abge-
flachte Eiform. In den vier von Perl-
bändern umrandeten ovalen Feldern
achteckige Wappenauflagen, in den
Zwickeln aufgelegte Herzen.
Bemalung mit Kobaltblau.
Zweite Hälfte 17. Jh.
Schraubverschluß v. J. D. Suff, Nürn-
berg (1684 Meister).
Höhe 20 cm   **4500,–/6000,–**
Kunsthaus am Museum, Köln

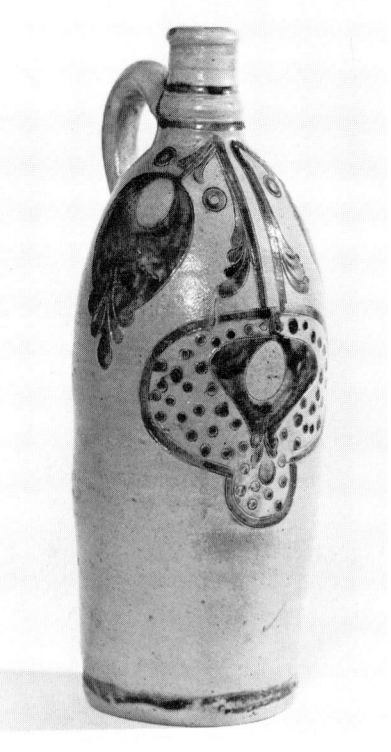

153 **Vierkantflasche** mit quadratischer Grundfläche, abgerundeter Schulter und Gewinde für (fehlenden) Schraubverschluß. Geritzte Blütenranken unter Rundmedaillons mit Blütenrosetten. Auf der Schulter gestempelte Blattornamente.
Bräunliche, fein craquelierte Oberfläche, Bemalung mit Kobaltblau.
18./19. Jh.
Höhe 29 cm   **1500,–/2000,–**
Privatbesitz

154 **Henkelflasche.** Schlanke Walzenform mit abgerundeter Schulter, enger Röhrenhals. Geritzte stilisierte Blume mit gestempelten Kreisen.
Bemalung mit Kobaltblau.
Anfang 19. Jh.
Höhe 32 cm   **ca. 800,–**
Privatbesitz

153   154

155

155 **Fäßchen.** Auf der Wandung gemalte Blumen und Bänder mit Kreisen. Auf der Stirnseite über zwei geritzten Sternen ein Herz mit den Initialen I. L. und Jahreszahl 1832.
Bemalung mit stumpfem Kobaltblau.
Datiert 1832.
Messingkran.
Länge 30 cm   **ca. 2500,–**
Privatbesitz (Slg. P. D.)

156 Fäßchen. Tonnenform mit Gliederung durch Profilbänder, dazwischen geritzte Akanthusranken und Bänder mit Akanthusauflagen. Auf den Stirnseiten große aufgelegte Allianzwappen.
Signiert S. W.
Bemalung mit Kobaltblau.
Erste Hälfte 18. Jh.
Zinnverschluß.
Länge 29 cm   **ca. 6000,–**
Neumeister, München

157 Fäßchen. Tonnenform auf vier kurzen Füßen. Flacher Deckel mit Knauf. Auf der Wandung zwei breite Knibisbänder und eine geritzte Weinranke mit zwei Vögeln. Über dem Spundloch ebenfalls eine Weinranke und ein Vogel, auf der gewölbten Gegenseite eine Sternrosette.
Bemalung mit Kobaltblau.
Anfang 19. Jh.
Länge 36 cm   **2500,–/3000,–**
Privatbesitz

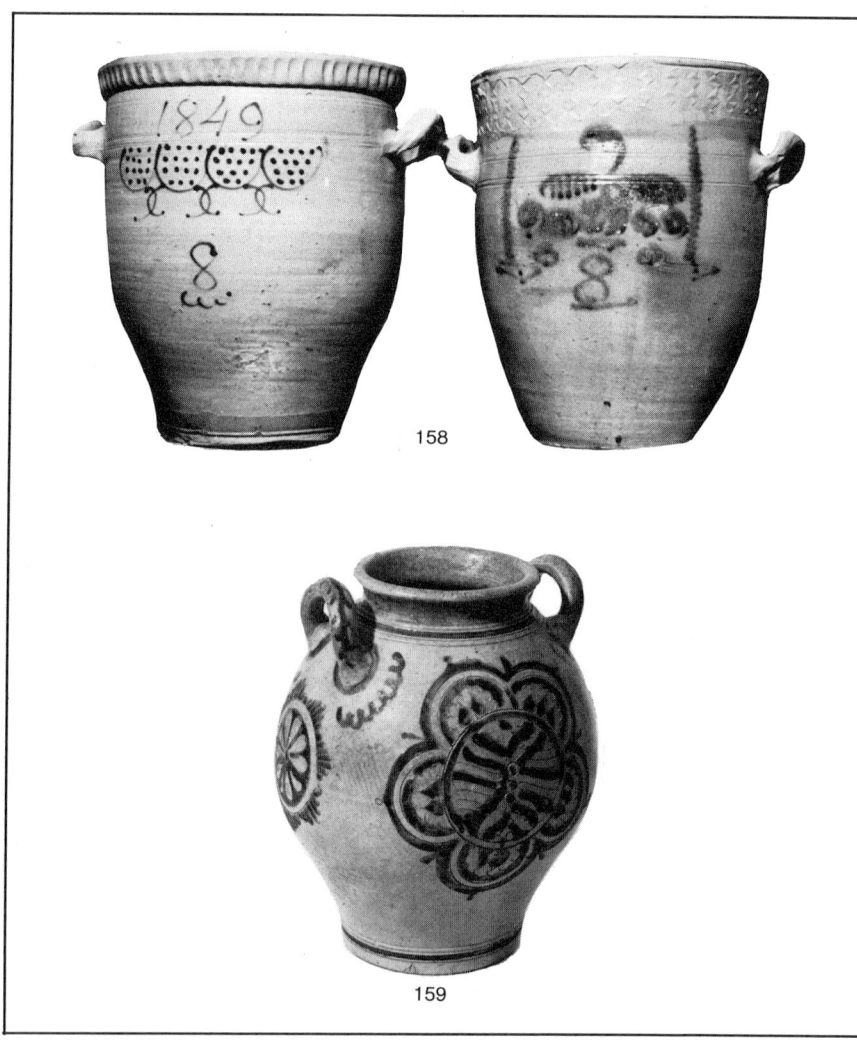

158

159

158 **Zwei Vorratstöpfe** (Rahmtöpfe). Zylindrische, sich nach unten verjüngende Wandung, am oberen Ende zwei Griffe. Bei einem Topf Randwulst mit Daumendruckmuster, beim anderen Randzone mit gestempeltem Rautenband.
Einfache Bemalung mit Kobaltblau.
Vreden, datiert 1849 und Stadtlohn, um 1900.
Höhen 35,5 und 34,5 cm
Hamaland-Museum, Vreden

159 **Vorratstopf.** Eiform mit ausgestelltem Rand, auf der Schulter zwei Griffe. Große eingeritzte Rundmedaillons und seitlich sternartig gerahmte Rosetten.
Bemalung mit Kobaltblau.
Erste Hälfte 19. Jh.
Höhe 26 cm

Bergisches Museum,
Schloß Burg a. d. Wupper

160 **Drei Vorratstöpfe,** leicht bauchig, unter dem ausgestellten Rand zwei Griffe. Dekor: stilisierte gemalte Tiere und (beim mittleren Topf) geritzte Blütenranken und gestempelte Palmetten.
Bemalung mit Kobaltblau.
Von links: datiert 1829 – um 1800 – erste Hälfte 19. Jh.
Höhen 25-27,5 cm   **je 500,–/800,–**
Privatbesitz (Slg. P. D.)

Das auf allen drei Töpfen vorkommende Zeichen »j« legt die Vermutung nahe, daß sie aus demselben Töpferzentrum, möglicherweise aus derselben Werkstatt stammen.

Duingen

Der in der Nähe von Alfeld in Niedersachsen gelegene Töpferort Duingen hat eine lange Tradition der Keramikherstellung. Steinzeug ist schon seit dem 15. Jahrhundert nachweisbar. Teilweise arbeiteten über 30 Werkstätten; als Blütezeit wird die zweite Hälfte des 18. Jahrhunderts angenommen.

Duinger Steinzeug hat einen grauen Scherben, der meist braun engobiert ist. Vorwiegend wurde unverzierte Massenware hergestellt. Zwei Arten von Bierkrügen gelten als Duinger Erzeugnisse. Einmal sind es Walzenkrüge, deren Wandungen durch breite Rillenbänder an den Randzonen gegliedert sind. Sie haben oben eine gelbliche Oberfläche, der untere Wandungsteil ist von einer braunen Engobe bedeckt. Ähnliche Krüge sind aus Altenburg bekannt (siehe

161 **Walzenkrug.** An den Randzonen breite Rillenbänder. Gelbe Oberfläche, der untere Wandungsteil braun engobiert.
Zweite Hälfte 18. Jahrhundert.
Zinndeckel. Höhe ca. 17 cm
Kestner-Museum, Hannover

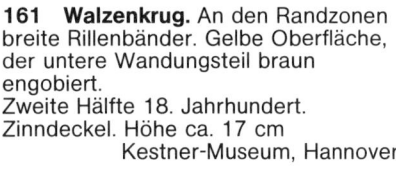

Derartige Krüge haben einen Handelswert von 1 200,– bis 2 000,– DM.

162 **Walzenkrug.** Zwischen breiten Rillenbändern glatte Mittelzone mit drei ovalen Auflagen.
Braun engobiert, salzglasiert.
Erste Hälfte 18. Jh.
Zinndeckel von D. Bahlmann, Quakenbrück (starb 1745).
Höhe 22,5 cm   **ca. 1 500,–**
Neumeister, München

105

(Nr. 224). Gegen eine sächsische Herkunft des hier abgebildeten Kruges sprechen wohl das Fehlen der in Mitteldeutschland üblichen Gurtfurchen, die Henkelansätze und die Zinndeckelform. (Horschik bildet einen fast identischen Krug als Rochlitz-Luchtenauer Arbeit ab)[1]. Die anderen »Duinger Krüge« haben auf der Mittelzone kleine Wappenauflagen. Da ähnliche Krüge (siehe Nr. 61) für Raeren gesichert sind, bedarf es der genauen Untersuchung der in Duingen gemachten Scherbenfunde, bevor eine gesicherte Zuschreibung der für Duingen in Anspruch genommenen Krüge möglich ist.

[1] J. Horschik, Steinzeug, 1978, S. 184, Nr. 92.

Dreihausen

In Dreihausen (bei Marburg) wurde schon seit dem 15. Jahrhundert Steinzeug getöpfert. Charakteristisch für die Dreihausener Ware ist ihre braun-violette oder rotbraune, oft etwas stumpfe Oberfläche, die durch einen eisenhaltigen Anguß erzeugt wird, der den sonst gelblichen Scherben bedeckt. Da bei den gotischen Bechern und Pokalen mit Stempeldekor eine ähnliche Färbung festgestellt wurde, schrieb man sie früher Dreihausen zu.

Die Dreihausener Erzeugnisse haben jedoch sehr sparsamen Dekor, der sich auf Profilrillen, Radstempel- und einfache Ritzornamente beschränkt. Bemerkenswert ist die Formgebung typischer Dreihausener Arbeiten des 16. und 17. Jahrhunderts, zu denen Vierhenkelkrüge und sog. Ringelkrüge zählen, bei denen oft zahlreiche von Henkeln und Ösen gehaltene Ringe das Gefäß zieren.

163   Krug. Hochschulterige Birnform mit Zylinderhals, abgesetzte Lippe. Einfacher Dekor: auf dem Hals schwache, auf dem Fuß kräftige Kreisrillen, unterhalb der Schulter mit der Gabel geritzte Schrägstreifen über einem Rillenband. Rotbraune Oberfläche, salzglasiert. Dreihausen, Anfang 19. Jh. Zinnmontierung. Höhe 36,5 cm
Museum für deutsche Volkskunde, Berlin-Dahlem

Derartige Krüge haben einen Handelswert von 1 200,–/1 500,–

Creußen

In Creußen, einer kleinen Stadt in Oberfranken, fertigten Töpfer Fayencen und Ofenkacheln, bevor am Anfang des 17. Jahrhunderts die Steinzeugherstellung begann, die den Töpferort berühmt machte. Da die Arbeiten häufig datiert sind, kann man die Entwicklung genau verfolgen, die Zuschreibung an einzelne Töpfer oder Töpferfamilien ist dagegen schwieriger, da Signaturen nicht üblich waren.

Creußener Steinzeug hat stets eine braune salzglasierte Oberfläche, die – wie aus alten Quellen hervorgeht – im Brand durch das Verwenden von Föhrenholz und das Einwerfen von einem schwarzen Salz hervorgerufen wurde. Durch Bemalung mit leuchtenden Emailfarben, die in einem zweiten Brand bei niedrigen Temperaturen eingebrannt wurden, erhielten Creußener Gefäße ihr prächtiges Aussehen, die sie so begehrt macht. Ihre Beliebtheit hat früher dazu geführt, daß Steinzeug mit Emailbemalung generell Creußen zugeschrieben wurde. Auch heute noch werden Annaberger Arbeiten manchmal unter »Creußen« eingereiht. Dabei werden sichere Unterscheidungsmerkmale übersehen: die für Annaberg typische Braunsteinengobe, die unterschiedlichen Henkelformen und die abweichenden Ornamente auf den Wulstringen der Krüge.

Von Anfang an war in Creußen die Verzierung durch Reliefauflagen üblich. Schon vor 1620 erhielten Krüge kartuschenähnliche Auflagen mit Rollwerk und Karyatiden. Neben dem Reliefdekor kommt auch schon bei den frühen Arbeiten, die noch unbemalt sind, Kerbschnitt vor. Berühmt wurden jedoch die seit dem 2. Viertel des 17. Jahrhunderts auftretenden Krüge mit emailbemalten Auflagen. Die Creußener *Apostelkrüge* wurden geradezu zum Inbegriff des emailbemalten Steinzeugs. Nach dem Reliefdekor benannt wurden außerdem die selteneren Planeten-, Jagd- und Kurfürstenkrüge.

Am häufigsten wurden *Humpen* hergestellt, die am Anfang des 17. Jahrhunderts bienenkorbförmig waren, später gab es auch niedere, konische Formen, und gegen Ende des 17. Jahrhunderts herrscht die zylindrische Form mit zwei Wulstringen vor. Weitere Gefäßformen sind: große und kleine *Schraubflaschen, Krüge* in Birn- und Eiform, sowie *Tüllenkannen*.

Die Emailbemalung wurde vermutlich – zumindest in der Frühzeit – von Emailmalern ausgeführt, die zuvor als Glasmaler im Fichtelgebirge tätig waren. Zwischen dem farbigen Dekor auf Creußener Steinzeug und der Emailmalerei auf Glas gibt es deutliche Parallelen. Zur Verfügung standen die Farben: Weiß, Schwarz, Gelb, Blau, Rot und Grün. Teilweise kam noch Vergoldung hinzu.

Einige der besten Arbeiten entstanden schon vor der Mitte des 17. Jahrhunderts, aber auch noch nach 1680 wurden sorgfältig geformte und fein bemalte Krüge gefertigt. Gegen Ende des 17. Jahrhunderts ist die Ausführung des Reliefs und der Bemalung oft flüchtig und im 18. Jahrhundert gingen Produktion und künstlerischer Wert der Erzeugnisse zurück. Entsprechend ihrer Beliebtheit wurden die Creußener Arbeiten häufig nachgeahmt. In der zweiten Häfte des 19. Jahrhunderts entstanden zahlreiche Kopien und heute noch werden in Creußen emailbemalte Krüge hergestellt (vgl. S. 24 f.).

164 Humpen, leicht bauchige Wandung auf abgesetztem, eingezogenem Fußsockel. Unter der Lippe ein Wulstring mit reliefierten Schleifenornamenten. Auf der Wandung Reliefdekor: Christus und Heilige in rechteckigen Kartuschen mit Putten und Rollwerk, daneben Puttenköpfe auf Blattwerk. Auf der Schulter Beschlagwerk- und auf dem Sockel Akanthusauflagen. Dunkelbraune Oberfläche, salzglasiert.
Um 1620.
Zinndeckel aus dem 17. Jh. Höhe 22 cm   ca. **8000,–**
Ehemals Slg. Bondy, Wien

165 Humpen mit gedrungenem, leicht konischem Körper. Der obere Wandungsteil mit großem Netzwerk, auf der Schauseite zwei runde Wappenauflagen. Auf dem Sockel reliefierte Initialen.
Dunkelbraune Oberfläche, salzglasiert.
Mitte 17. Jh.
Zinndeckel. Höhe ca. 12 cm   **5000,–/7000,–**
Ruef, München

166

167

168

166 Humpen, zylindrisch mit erweitertem Sockel. Zwischen zwei mit Schleifenornamenten belegten Wulstringen Mittelzone mit vertikalem Netzwerk (Kerbschnitt). Über der Standfläche ein umlaufendes Kettenband.
Dunkelbraune Oberfläche, salzglasiert.
Mitte 17. Jh.
Zinnmontierung. Höhe 16,5 cm   **ca. 5000,–**
Neumeister, München

167 Humpen. Gedrungene, leicht bauchige Form mit niedrigem Sockel. Auf der Wandung Netzwerk (Kerbschnitt), vorn in einem glatten runden Feld das aufgemalte Wappen des »Hanss Brandt« mit Beischrift. Auf dem Sockel in ANNA ELISABETH MARIA VON BRANDT, dem Henkelrücken gemalte Maske

 mailbemalung in den Farben Blau, Weiß und G
Datiert 1643.
Zinnfußreif und -de Marken des Matthes Hertel, Wunsiedel (ab 1640 nt).
Höhe 15 cm   **über 15000,–**
Privatbesitz

168 Humpen, leicht bauchig. Wandung mit bemaltem Netzwerk, auf der Schauseite rundes Wappenfeld mit Beischrift »HOEN ZOLLERN«. Auf dem Sockel umlaufender Trinkspruch in weißer Schrift.
Dunkelbraun, salzglasiert, Bemalung mit bunten Emailfarben.
Datiert 1648.
Zinnmontierung aus dem 17. Jh. Höhe 13 cm   **über 10000,–**
Stuker, Bern

169

170

171

169 Humpen, zylindrisch, leicht bauchig. Wandung mit bemaltem Netzwerk, auf der Schauseite rundes Wappenfeld mit den Initialen LZ. R. An den Rändern schmale Bänder mit gemaltem Strich- und Punktmuster und Schrägstreifen. Haarriß. Dunkelbraun, salzglasiert, Bemalung mit bunten Emailfarben. Datiert 1653.
Zinndeckel mit Gravur von 1657.
Höhe 15 cm   **8000,–/10000,–**
Neumeister, München

170 Humpen. Zylindrisch mit abgesetztem Sockel. Auf der Wandung fünf von aufgelegten Ketten umrandete Ovalfelder mit vier gemalten Wappen und auf der Schauseite Christus als Salvator Mundi. Dazwischen aufgelegtes Blattwerk unter Rosetten. Auf dem Sockel die Beischriften zu den Bildfeldern. Auf dem Henkelrücken Löwenkopfauflage und Blattwerk. Dunkelbraun, salzglasiert, Bemalung mit bunten Emailfarben. Datiert 1680.
Zinnmontierung von J. Dor, Bayreuth (um 1700). Höhe 13,5 cm
Veste Coburg

171 Humpen (Apostelkrug) in Bienenkorbform. Auf der Mittelzone der Wandung Auflagen der zwölf Apostel unter einem Schriftband mit ihren Namen. Zwischen ihnen gemalte Maiglöckchen und Rosetten. Unter der Lippe ein Wulstring mit Schleifendekor. Auf dem breiten Sockel ein doppeltes Schriftband mit reliefierter Inschrift: »IOH. GEORG KERN ZUCKERBACCHER« und »MARIA MAGDALENE KERNIN«.
Dunkelbraun, salzglasiert, Bemalung mit bunten Emailfarben. Datiert 1669.
Zinnmontierung aus dem 17. Jh. Höhe 17,5 cm **über 15000,–**
F. Payer, Zürich

172 Humpen, niedrige zylindrische Form. Auf der Wandung fünf Medaillons mit den Bildnissen der Heiligen Anna, Katharina, Maria, Maria Magdalena und Martha auf blauem Grund. Auf dem Sockel die Namen der Dargestellten.
Dunkelbraun, salzglasiert, Bemalung mit bunten Emailfarben. Datiert 1681.
Zinnmontierung. Höhe 16 cm   **über 20000,–**
Lockner, Würzburg

173

174

175

173 Humpen (Apostelkrug), zylindrisch. Zwischen zwei Wulst-ringen mit Beschlagwerk Auflagen der zwölf Apostel unter einem Schriftband mit ihren Namen. Zwischen ihnen gemalte Maiglöck-chen und Rosetten. Auf der Schauseite rundes Wappenfeld mit der Umschrift: »Johann Georg Walther Burgermeister zu Rotten-burg auf der Tauber«. Sockelinschrift: »WER MICH AVS DRINCKT ZV IDER ZEIT DEM GESEGNE ES DIE HEILIGE DREY-FALTIGKEIT«. Auf dem Henkelrücken Maskenauflage.
Dunkelbraun, salzglasiert, Bemalung in den Farben Weiß, Rot, Gelb, Blau, Grün und Schwarz.
Datiert 1655.
Zinndeckel mit Marke des F. Treu, Rothenburg (1633 dort Bürger). Höhe 13,3 cm

Veste Coburg

174 Humpen (Apostelkrug). Zwischen zwei Wulstringen mit Flechtbandrelief Auflagen der zwölf Apostel, Schriftband mit ihren Namen und gemalte Maiglöckchen. Auf der Schauseite Rundfeld mit der Madonna mit Kind. Auf dem Sockel gemalte Ranke mit Früchten.
Dunkelbraun, salzglasiert, Bemalung mit bunten Emailfarben.
Datiert 1676.
Zinnmontierung. Höhe 20 cm   **ca. 10000,–**
Ruef, München

175 Apostelkrug in Bienenkorbform. Unter einem Wulstring mit Schleifenornamenten Auflagen der zwölf Apostel mit Christus, gemaltes Namensband, Maiglöckchen und Rosetten. Auf dem Sockel Beschlagornamente. Restauriert.
Dunkelbraun, salzglasiert, Bemalung mit bunten Emailfarben.
Datiert 1674.
Zinnmontierung. Höhe 18 cm   **ca. 10000,–**
Neumeister, München

176 Humpen, konisch. Zwischen zwei Wulstringen mit Rankenrelief und Gurtfurchen umlaufender Fries mit aufgelegten Szenen einer Fuchsjagd. Auf dem Sockel in weißer Schrift: »IEGER DRINCK DICH VOL, SO IAGEN DIR DIE HVNDTE WOHL. ANNO 1661.« Sprünge.
Dunkelbraun, salzglasiert, mit bunter Emailbemalung.
Datiert 1661.
Zinnmontierung. Höhe 13,5 cm

Veste Coburg

177 Humpen, leicht konisch. Zwischen zwei Wulstringen mit Beschlagornamenten zwei Auflagen einer Fuchs- und Hasenjagd. Auf der Schauseite gemaltes Wappenfeld mit Initialen und Datierung.
Dunkelbraun glänzend, salzglasiert, Bemalung mit bunten Emailfarben.
Datiert 1631.
Zinndeckel. Höhe 11 cm

Veste Coburg

178 Humpen, zylindrisch. Zwischen zwei Wulstringen mit Flechtbandmuster breiter Fries mit aufgelegten Szenen einer Bärenjagd. Auf der Schauseite ein rundes Feld mit einem stehenden Hirsch. Auf dem Sockel gemaltes Rankenband mit Früchten.
Dunkelbraun, salzglasiert, Bemalung mit bunten Emailfarben.
Datiert 1676.
Zinndeckel. Höhe 14,7 cm

Veste Coburg

179 Humpen mit abgesetztem Fußteil und sich nach oben leicht erweiternder Wandung. Zwischen zwei Wulstringen mit Blattwerk umlaufender Fries mit Szenen einer Hasenjagd mit Falknern zu Pferd, Hundeführern und gejagten Hasen. Über der Standfläche Spiralranken mit Früchten.
Dunkelbraun, salzglasiert, Bemalung mit bunten Emailfarben.
Datiert 1678.
Reich reliefierter Silberdeckel aus dem 19. Jh., vergoldet.
Höhe 15,5 cm **über 10000,–**
Neumeister, München

114

180

181

180 Humpen in Bienenkorbform. Zwischen zwei Wulstringen mit Blattfriesen breite Mittelzone mit den gemalten Bildnissen der sieben Kurfürsten auf blauem Grund. Auf der Schauseite der Kaiser mit Insignien vor dem Reichsadler. Auf dem Sockelring die Namen der Dargestellten.
Dunkelbraun, salzglasiert, Bemalung mit bunten Emailfarben.
Ende 17. Jh.
Zinndeckel mit Gravur von 1699 und Marken des B. Widtmann, Regensburg. Höhe 16 cm
                                                        Veste Coburg

181 Humpen, zylindrisch. Zwei Wulstringe mit Blattfriesen, dazwischen in acht Kartuschen runde Felder mit den gemalten Bildnissen der Kurfürsten und des Kaisers. Über ihnen die jeweilige Namensbeischrift. Auf dem Sockel in weißer Schrift der Trinkspruch: »TRINCK MICH AVS VND SCHENCK MICH EIN, DAS DV ERFRISCHT DAS HERTZE DEIN«.
Dunkelbraun, salzglasiert, Bemalung mit bunten Emailfarben.
Datiert 1680.
Zinndeckel mit Gravur von 1715. Höhe 15 cm
                                                        Veste Coburg

182 Humpen. Zwischen zwei Wulstringen mit Blattranken und Diamantbuckeln Reliefdekor auf blauem Grund: in Rundbögen, welche aus Beschlagwerk und Girlanden gebildet werden, sechs Planetengötter. Auf der Schauseite ein rundes Medaillon mit Wappen. Über der Standfläche ein Rankenband mit Früchten.
Dunkelbraun, salzglasiert, Bemalung mit bunten Emailfarben.
Datiert 1678.
Zinnmontierung. Höhe 15,5 cm
Ehemals Berliner Kunsthandel, jetzt: Veste Coburg

182

184

183   Planetenkrug. In ovalen Feldern
Planetengötter mit Beischrift und
Rosetten. Auf dem Hals in weißer Schrift
der Spruch: »DRINCK VND IS, GOTT
NICHT VERGIS.«
Dunkelbraun, salzglasiert, Bemalung mit
bunten Emailfarben.
Um 1670.
Zinndeckel.
Höhe ca. 20 cm   **über 20000,–**
Lockner, Würzburg

184   Planetenkurg, eiförmig, sechs-
seitig abgeflacht. In ovalen Feldern mit
blauem Grund Reliefauflagen von
Planetengöttern mit Beischrift. Auf dem
Fuß und am Hals Wellenbänder. Auf dem
Henkel Löwenmaske. Sprung.
Dunkelbraun, salzglasiert, mit bunten
Emailfarben bemalt.
Um 1670.
Zinndeckel. Höhe 20 cm   **ca. 20000,–**
Ehemals Berliner Kunsthandel

183

185

185 Birnkrug. In ovalen Feldern Auf-
lagen von sechs Aposteln und Blüten-
rosetten. Am Hals der Spruch: »DRINCK
VND IS, GOTT NICHT VERGIS«.
Braun, salzglasiert, mit bunten Email-
farben bemalt.
Um 1670.
Zinnmontierung. Höhe 17,6 cm
Ehemals Berliner Kunsthandel, jetzt:
Veste Coburg

186 Apostelkrug, eiförmig, sieben-
seitig abgeflacht. In ovalen Feldern mit
blauem Grund Reliefauflagen von sechs
Aposteln mit Namensbeischrift. Auf dem
Hals in weißer Schrift: »DRINCK UND IS,
GOTT NICHT VERGISN«.
Dunkelbraun, salzglasiert, Bemalung mit
bunten Emailfarben.
Unter dem Henkel datiert 1664.
Zinnmontierung. Höhe 18 cm
Veste Coburg

186

117

188

187 Birnkrug. In vier blaugrundigen Feldern mit aufgelegten Rundbögen Reliefauflagen von Engelsköpfen, darunter Apostel mit Namensbeischriften.
Dunkelbraun, salzglasiert, Bemalung mit bunten Emailfarben.
Letztes Viertel 17. Jh.
Spätere Zinnmontierung, Höhe 20,5 cm
Veste Coburg

188 Kanne. Eiförmig mit zylindrischem Hals, gedrückte Ausgußschnauze. Auf der Mittelzone der Wandung Reliefauflagen von Aposteln unter einem Namensband. Unter dem Ausguß Engelskopf. Auf Schulter und Ablauf Kerbschnitt.
Dunkelbraun, salzglasiert, Bemalung mit bunten Emailfarben.
Datiert 1661.
Zinnmontierung.
Höhe 26 cm   **über 20000,–**
Ehemals Berliner Kunsthandel

187

189 Flasche. Eiförmig, sechsseitig abgeflacht, runder, konischer Fuß und kurzer Hals. Reliefauflagen: in ovalen Feldern Planetengötter, darüber Blattornamente. Auf der Schulter Rosetten. Dunkelbraun, salzglasiert.
Zweite Hälfte 17. Jh.
Höhe 23 cm   **3000,–/4000,–**
Neumeister, München

190 Schraubflasche. Reliefauflagen: in ovalen Feldern Apostel, darüber Wappen und Rosetten.
Dunkelbraun, salzglasiert.
Zweite Hälfte 17. Jh.
Zinnverschluß.
Höhe 21 cm   **4000,–/5000,–**
Lempertz, Köln

191 Schraubflasche, sechsseitig abgeflacht. Reliefdekor: in ovalen Feldern Apostel, darunter Köpfe, Fruchtgehänge und Rosetten.
Dunkelbraun, salzglasiert.
Zweite Hälfte 17. Jh.
Zinnverschluß.
Höhe 22 cm   **5000,–/6000,–**
Neumeister, München

192 Schraubflasche. Schlanke Eiform, sechsseitig abgeflacht. In vier ovalen Feldern Kerbschnitt, in den beiden anderen die gemalten Wappen des »IOHAN BRAVTHAVPT, FÜRST: SÄCHS: RENTMEISTER ZV GOTHA« und seiner Frau.
Dunkelbraun, salzglasiert, Bemalung mit bunten Emailfarben.
Datiert 1651.
Zinnverschluß und -standreif.
Höhe 24,7 cm

                          Veste Coburg

189

190

191

192

193 Schraubflasche, sechsseitig. In fünf von aufgelegten Kettenbändern begrenzten rechteckigen Feldern Kerbschnitt, auf der Schauseite ein gemaltes Allianzwappen auf blauem Grund.
Dunkelbraun, Bemalung mit bunten Emailfarben.
Datiert 1655.
Zinnverschluß. Höhe 14,8 cm

Veste Coburg

194 Flasche, zylindrisch, fünfseitig abgeflacht, kurzer Hals mit weiter Öffnung. In ovalen Feldern Auflagen der sieben Planetengötter und Rosetten, in einem Feld ein gemalter Reiter auf blauem Grund.
Braun, salzglasiert, Bemalung mit bunten Emailfarben.
Datiert 1684.
Höhe 17,3 cm

Veste Coburg

195 Flasche. Vierseitig abgeflachte Eiform auf rundem Fuß, kurzer Hals mit
enger Öffnung. Reliefdekor: Kettenbänder begrenzen ovale Felder mit dem
von einem Engel gehaltenen Wappen
von Nürnberg, dazwischen Blattornamente.
Dunkelbraun, salzglasiert. Kalte Bemalung aus späterer Zeit.
Zweites Viertel 17. Jh.
Höhe 16,7 cm
       Veste Coburg

196 Flasche. Schlanke, sechsseitig
abgeflachte Eiform. In fünf Feldern Kerbschnitt und auf der Mittelzone Auflagen
von Planetengöttern. Begrenzungen
durch aufgelegte Kettenbänder, dazwischen Engelsköpfe. Im ovalen Feld
der gemalten Schauseite das Wappen
des »J. W. Schaumann« mit Beischrift,
darunter eine Rose. Auf der Schulter
Rosettenauflagen.
Braun, salzglasiert. Bemalung mit bunten
Emailfarben.
Datiert 1681.
Höhe 28,6 cm
Ehemals Berliner Kunsthandel, jetzt
Veste Coburg

195

197

196

198

197 Schraubflasche, eiförmig, sechs-
seitig abgeflacht. In sechs ovalen
Feldern Auflagen von Christus und fünf
Aposteln, darüber Engel mit Wappen-
schild, Frauenkopf und Wappen-
kartuschen. Sprung.
Dunkelbraun, salzglasiert, Bemalung mit
bunten Emailfarben.
Zweite Hälfte 17. Jh.
Zinnverschluß mit Löwengriff (später).
Höhe 27,5 cm **ca. 10000,–**
Neumeister, München

198 Schraubflasche, eiförmig. Auf der
sechsseitig abgeflachten Mittelzone
Reliefauflagen der Apostel auf blauem
Grund, daneben in von Kettenbändern
umrandeten Bogenfeldern Kerbschnitt.
Auf der Schulter Rosettenauflagen. Über
dem Fuß ein schmales Band mit
Namensinschrift.
Braun, salzglasiert. Bunte Bemalung mit
Emailfarben bedeckt fast die ganze
Wandung.
Datiert 1670.
Zinnmontierung.
Höhe ca. 25 cm **über 15000,–**
Ehemals Berliner Kunsthandel

Waldenburg

Waldenburg ist der älteste Steinzeug-Töpferort Mitteldeutschlands. Einfach verzierte Frühsteinzeug-Arbeiten sind aus dem 15. Jahrhundert erhalten. Schon im frühen 16. Jahrhundert wurden Reliefauflagen hergestellt. Die Blütezeit hatte die Steinzeugtöpferei in Waldenburg zwischen 1570 und 1700. Obwohl dort bis in das 19. Jahrhundert Steinzeug hergestellt wurde, sind Waldenburger Arbeiten heute im Handel selten zu finden.

In der zweiten Hälfte des 16. Jahrhunderts entwickelte sich der *Bienenkorbhumpen,* eine für Waldenburg charakteristische Gefäßform, die auch aus Creußen bekannt ist. Die leicht gebauchten Krüge mit ausgestelltem Fuß und eingezogenem Hals wurden bis zum Anfang des 18. Jahrhunderts hergestellt. Fuß- und Halszone sind mit Rollstempeln verziert, während die Wandungsmitte Reliefauflagen erhielt.

Zwischen 1570 und dem Anfang des 17. Jahrhunderts entstanden hohe Krüge mit Reliefdekor, die zu den beeindruckendsten Steinzeugarbeiten überhaupt zählen. Vermutlich stammen sie alle aus derselben Werkstatt. Die aus Matrizen geformten Auflagen zeigen vor allem christliche Motive und prunkvolle Wappen. In den Handel gelangen derartige Krüge nicht mehr, die bekannten Stücke befinden sich seit Jahrzehnten in Museumsbesitz. Da sie einen wichtigen Platz in der Geschichte der Steinzeugherstellung einnehmen, werden hier einige dieser Arbeiten gezeigt.

Bis in die Mitte des 17. Jahrhunderts haben die Waldenburger Steinzeug-Gefäße einen grauen Scherben, der im Oxydationsbrand eine braune oder graubraune Salzglasur erhielt. Im 18. Jahrhundert setzte sich der Reduktionsbrand durch, der schon bei früheren Stücken vereinzelt zu beobachten ist. Auch die Bemalung mit Kobaltblau oder das blaue Einfärben mit Smalte, das auch bei braunen Gefäßen schon vorkommt, wurde nun allgemein üblich. Aus dem 18. Jahrhundert sind vor allem Tüllenkannen bekannt, die sich von Zeitzer oder Bürgeler Arbeiten kaum unterscheiden.

199

199 Krug. Hohe zylindrische Form, auf
dem ausgestellten Fuß und einem Wulstring unter der Lippe Rollstempelmuster.
Dazwischen Reliefauflagen: in ovalen
Blattkränzen zwei Wappen sowie Adam
und Eva, dazwischen Löwenköpfe,
darunter Fries mit Engels- und Löwenköpfen.
Braune Oberfläche, salzglasiert.
Ende 16. Jh.
Zinnmontierung mit Henkelergänzung
aus Zinn. Höhe 26,5 cm
                    Rijksmuseum, Amsterdam

200 Krug (Schnelle), konische, durch
drei Rillenbänder gegliederte Wandung.
Reliefauflagen: auf der unten Hälfte
neben der Passionsgruppe die Opferung
Isaaks und Mariä Verkündigung. Darüber
in fünf von Lorbeerkränzen umrandeten
Rundmedaillons der doppelköpfige
Reichsadler und männliche und weib-
liche Brustbilder.
Braune Oberfläche, salzglasiert.
Um 1580/90.
Zinnmontierung (um 1700). Gesamt-
höhe 34 cm

*Der Krug stammt aus der berühmten
Sammlung Lanna, Prag, und befindet sich
jetzt im Kunstgewerbemuseum Berlin-
Charlottenburg*

200

201

201 Krug. Reliefdekor: auf der Schauseite Wappen des G. Walthurner von Nürnberg, seitlich stehender Kaiser und Fürst, dazwischen Säulen mit Putten, die in ein Horn blasen. Über dem Fuß Fries mit Engels- und Löwenköpfen.
Braune Oberfläche, salzglasiert.
Um 1600.
Zinnmontierung. Höhe 32,5 cm
Museum für Kunst und Gewerbe, Hamburg

202   203

202 Krug. Reliefdekor: auf der Schauseite Wappen des H. Tremel von Nürnberg, seitlich ein Löwe und ein Greif, bärtige Köpfe und (wie beim vorigen Krug) hornblasende Putten auf Säulen. Über dem Fuß Fries mit Engels- und Löwenköpfen.
Braune Oberfläche, salzglasiert.
Um 1600.
Zinnmontierung aus dem frühen 17. Jh. Höhe 32,5 cm
Museum für Kunst und Gewerbe, Hamburg

203 Krug. Reliefdekor: ovale, von Lorbeerkränzen umrandete Medaillons, u. a. mit Adam und Eva und mit der Grablegung Christi. Fries mit Engels- und Löwenköpfen.
Braune Oberfläche, salzglasiert.
Um 1600.
Zinnmontierung aus dem 18. Jh. Höhe ca. 25 cm
Privatbesitz (ehemals Slg. Dr. Strauß)

204 Humpen in Bienenkorbform.
Reliefdekor: drei Medaillons mit Pelikan,
seine Jungen nährend, dem sächsischen
Wappen und dem Heiligen Lukas. Da-
zwischen Rosetten.
Graubraune Oberfläche, salzglasiert.
Anfang 17. Jh.
Zinndeckel aus dem 17. Jh.
Höhe 19 cm   **ca. 5000,–**
Neumeister, München

205 Humpen in Bienenkorbform.
Reliefauflagen: zwei Adelswappen und
das Stadtwappen von Leipzig. Da-
zwischen Löwenköpfe.
Braune Oberfläche, salzglasiert.
Um 1670.
Zinndeckel aus dem 17. Jh. Höhe 15 cm
                Museum für Kunst und Gewerbe,
                                    Hamburg

206 Humpen, bienenkorbförmig.
Reliefauflagen: vorn das kursächsische
Wappen, seitlich Kaiser Rudolf II. und der
Heilige Georg, dazwischen kleine Me-
daillons mit dem sächsischen Wappen.
Ergänzter Henkel.
Graubraune Oberfläche, salzglasiert.
Letztes Drittel 17. Jh.
Späterer Zinndeckel. Höhe 23,8 cm
                Museum für Kunst und Gewerbe,
                                    Hamburg

207 Fäßchen. Tonnenform mit Reifen-
profilen, Quergestell als Füße. Oben
trichterförmige Öffnung und Bandhenkel. Reliefdekor: zwei Wappenauflagen und Diamantbuckel auf Blattwerk.
Graubraune Oberfläche, Reste von Vergoldung.
Mitte 17. Jh.
Zinndeckel. Länge 16 cm
                Museum für Kunst und Gewerbe,
                                    Hamburg

204/205/206

207

125

208 **Tüllenkanne.** Eiförmiger Körper mit kurzem Ausguß und
Zylinderhals. Gliederung der Wandung durch Rillenbänder, auf
der Schulter Band mit Rollstempelmuster. Reliefauflagen: vorn
Brustbild Christian-Wilhelms von Brandenburg, seitlich zwei
Magdeburger Wappen, dazwischen Löwenköpfe.
Dunkelbraune Oberfläche, salzglasiert.
Erstes Drittel 17. Jh.
Zinnmontierung aus dem 17. Jh. Höhe 22 cm

Berlin, Slg. Klewer

209 **Tüllenkanne,** eiförmig mit Röhrenausguß. Geritzter und
gestempelter Dekor: auf der Wandungsmitte umlaufende
Akanthusranke mit Blüten, auf der Schulter Blütenrosetten.
Graue Oberfläche, Bemalung mit Kobaltblau.
Erste Hälfte 18. Jh.
Zinnmontierung aus dem 18. Jh. Höhe 33 cm

Museum für Deutsche Volkskunde,
Berlin-Dahlem

Zeitz und Bürgel

Zeitz und Bürgel sind zwei Töpferorte in Thüringen, deren Erzeugnisse aus Steinzeug bis heute nicht klar voneinander getrennt werden können. Relativ häufig zu finden sind Tüllenkannen aus dieser Region, deren grauer Scherben während des Brandes mit Smalte beworfen wurde, so daß die Vorderseite der Gefäße eine tiefblaue »Schürze« bedeckt. Ähnliche, oft mit Reliefauflagen verzierte Waren wurden auch in Waldenburg hergestellt. Zeitzer Arbeiten haben oft ebenfalls Reliefauflagen oder Ritzdekor. Die aus dem späten 18. oder aus dem 19. Jahrhundert stammenden glattwandigen Kannen werden meist Bürgel zugeschrieben.

210 Tüllenkanne. Eiförmiger Körper mit Röhrenausguß, Zylinderhals mit Rillenband. Die gesprungene Wandung ist mit einem Drahtnetz »eingebunden«. Graubraune, salzglasierte Oberfläche mit blauer »Schürze«.
Wohl Bürgel, Anfang 19. Jh.
Zinnmontierung von C. G. Klemm, Reichenbach, auf dem Deckel Gravur von 1827.
Höhe 35,5 cm   **ca. 1500,–**
Kunsthaus am Museum, Köln

Altenburg

In Altenburg begann die Herstellung von Steinzeug ungefähr um das Jahr 1625. In der Umgebung der Stadt gewonnener, feiner, weißer Ton bildete hierfür die günstige Voraussetzung. Altenburger Steinzeug hat einen hellgrauen Scherben, der im Oxydationsbrand eine hellbraune oder ockergelbe Salzglasur erhielt. Nach ungefähr 1720 wurden auch reduzierend gebrannte Krüge mit fast weißer Oberfläche hergestellt. Einfaches Erkennungsmerkmal von Alten-

127

burger Arbeiten sind ihre Henkel, die bis in das 18. Jahrhundert aus stärker gemagertem (mit Sand versetztem) Ton gebildet wurden als die Gefäßkörper. Die groben Sandkörner, die zur Verhinderung von Brandrissen beigemengt wurden, sind oft deutlich an der Henkeloberfläche zu erkennen. Auffällig sind auch die nach den Seiten einfach verstrichenen Ansätze der breiten, dünnen Bandhenkel.

Als Gefäßformen treten vor 1650 niedrige Humpen, Schraubflaschen, eiförmige Krüge, Fäßchen und Butternäpfe auf drei Kugelfüßen auf. Später kommen Birnkrüge und Tüllenkannen hinzu. Krüge in Zylinder-, Ei- oder Kugelform haben am Ende des 17. Jahrhunderts oft stark profilierte Hals- und Fußzonen mit tiefen Gurtfurchen. Im 18. Jahrhundert wurden vor allem Walzenkrüge hergestellt.

Zunächst wurden die Gefäße vor allem mit eingeschnittenen Kreisornamenten und anderen geometrischen Mustern geschmückt. Manchmal wurden die Wandungen durchbrochen gearbeitet. Als Umrandungen der eingeschnittenen Ornamente wurden Noppenfriese üblich, die meist mit Braunstein, selten auch mit Kobaltblau bemalt sind. Größere Reliefauflagen kommen vereinzelt vor, selten sind auch Krüge, auf deren sonst glatter, kugeliger Wandung Medaillons aus Zinn angebracht sind. Die Wandungen glatter Krüge wurden teilweise auch – vermutlich von Emailmalern – bunt bemalt. Ab ungefähr 1690 entwickelte sich die Dekorationsart, die den am weitesten verbreiteten Altenburger Erzeugnissen, den entsprechend geschmückten Walzenkrügen, die Bezeichnung *Perlkrüge* einbrachte. Die oft volkstümlichen Ornamente sind aus aneinandergereihten Punkten aus einer weiß brennenden Tonmischung aufgelegt. Neben den manchmal auch braun, blau oder schwarz eingefärbten »Perlen« wurden auch kleine Reliefornamente wie Blüten und Blätter aufgelegt. Hinzu kommt oft Teilbemalung mit Kobaltblau. Die schönsten Perlkrüge entstanden in den ersten Jahrzehnten des 18. Jahrhunderts. Meist erhielten sie – wie die meisten Altenburger Steinzeugarbeiten – prächtige Zinnmontierungen. In der zweiten Hälfte des 18. Jahrhunderts wurde der Dekor auf den nun oft reduzierend gebrannten Krügen einfacher.

Relativ häufig sind einfache, nur durch Rillenbänder gegliederte Walzenkrüge, deren hellbraune Oberfläche teilweise von brauner Engobe bedeckt wird. Es wird angenommen, daß diese wegen ihrer Farbe oft als »Honigkrüge« bezeichneten Walzenkrüge in den Töpferorten Rochlitz und Lunzenau in der Nähe von Altenburg hergestellt wurden.

F 5 Drei Altenburger Krüge

Perlhumpen mit aufgelegtem Spruch und dem Zunftzeichen der Weber.
Anfang 18. Jh. Höhe 30 cm   **6000,–/8000,–**
(Kat.-Nr. 217)

Birnkrug mit glatter Wandung.
Um 1700.
Zinnmontierung von A. P. Marckgraff, Rochlitz, mit Gravur von 1729.
Höhe 29 cm   **3000,–/3500,–**
Privatbesitz (Slg. P. D.)

Perlhumpen, Blumen und zwei Vögel aus braunen und weißen, teilweise blau bemalten Perlen aufgelegt.
Erste Hälfte 18. Jh.
Zinnmontierung mit Deckelgravur von 1756.
Höhe 27,5 cm   **3000,–/3500,–**
Privatbesitz

211 Doppelhenkel-Krug (Würzbier-krug) mit zylindrischer, leicht gebauchter Wandung. Auf der Mittelzone vier von Längskerben und kobaltblau bemalten Noppenauflagen umrandete runde Reliefauflagen mit Engelsköpfen. Auf den von Gurtfurchen abgesetzten Rand-zonen Noppenreihen auf Zickzack-bändern.
Hellbraune Oberfläche, salzglasiert.
Mitte 17. Jh.
Zinnmontierung.
Höhe 22 cm   **ca. 8000,–**
Würzburger Kunsthandel

211

212   213

212 Perlhumpen. Hohe Walzenform, zwischen Gurtfurchen, Profilrillen und zwei Reihen von weißen ovalen Auflagen breite Mittelzone mit Perlauflagen: Blütenranken und auf der Schauseite ein Wappen.
Braune Oberfläche, salzglasiert.
Erste Hälfte 18. Jh.
Zinnmontierung mit Gravur von 1762.
Höhe 33 cm   **3000,–/4000,–**
Neumeister, München

213 Perlhumpen. Hohe zylindrische Wandung, oben und unten Profilrillen. Mit weißen und gelben Perlen auf-gelegter Dekor: das kursächsische Wappen flankiert von Blumen, darüber und darunter der Spruch: »MIT VIELEN HELT MANN HAVS – MIT WENIGEN MVS MANN KOMMEN AVS«.
Hellbraune Oberfläche, salzglasiert.
Um 1720.
Zinnmontierung. Höhe 28 cm
                Museum für Kunst und Gewerbe,
                                    Hamburg

214

215

216

214 Schraubflasche. Niedriger
zylindrischer Körper mit schräg eingedrückten Rippen, auf der Schulter Profilrillen. Waagrecht und schräg verlaufende Reihen mit aufgelegten,
dunkelbraun bemalten Beerennoppen.
Hellbraune Oberfläche, salzglasiert.
Mitte 17. Jh.
Zinnverschluß.
Höhe 18 cm   3000,–/3500,–
Trützschler, Schloß Adlhausen

215 Krug. Gedrückte Kugelform, auf
der Wandung drei eingesetzte Medaillen
mit Zinnumrandung: Brustbild Ludwigs
XIV., St. Georg und Allegorie auf den
Frieden von Rijswijk v. 1697.
Ockergelbe Oberfläche, braun ge-
sprenkelt, salzglasiert.
Ende 17. Jh.
Zinnmontierung. Höhe 13,5 cm
                    Bayerisches Nationalmuseum,
                                    München

216 Krug. Gedrückte Kugelform
zwischen hohem Fuß und Hals mit je
einem Wulstring und mehreren Gurtfurchen. Auf der Wandung zwischen eingeritzten senkrechten Bändern Reliefauflagen: ein Barockpaar und Wappen.
Hellbraune Oberfläche, salzglasiert.
Um 1670.
Zinnmontierung.
Höhe 23 cm   4000,–/5000,–
Lempertz, Köln

131

217

218

219

220

217 Perlhumpen. Hohe Walzenform mit Profilrillen. Mit weißen und braunen Perlen aufgelegter Dekor: zwischen zwei Schriftbändern mit dem Spruch »GOTT SEGNE DAS HENDWERCK DER ZEUG-MACHER« das von zwei Löwen gehaltene Zunftzeichen der Weber. Hellbraune Oberfläche, salzglasiert. Anfang 18. Jh.
Zinnmontierung.
Höhe 30 cm   6 000,–/8 000,–
Simmermacher, Freiburg
(Farbtafel 5)

218 Perlhumpen. Walzenform, oben und unten Profilrillenbänder. Auf der Mittelzone zwischen zwei Reihen von kleinen Rosettenauflagen mit weißen Perlen konturierter Dekor: Stehender Kavalier und Dame mit Fächer, seitlich Blumen. Innenfelder kobaltblau bemalt. Hellbraune Oberfläche, salzglasiert. Um 1730.
Zinnmontierung. Höhe 23 cm
                Standort unbekannt.

219 Perlhumpen. Schlanke Walzenform mit zwei Profilrillenbändern. Zwei schmale Friese mit abwechselnd aufgelegten weißen Blumen und blau bemalten Ringen begrenzen die Mittelzone, die mit einem stehenden Paar und mit aus Perlen und verschiedenen kleinen Auflagen gebildeten Blumen belegt ist. Teilweise kobaltblaue Bemalung. Hellbraune Oberfläche, salzglasiert. Um 1730.
Zinnmontierung. Höhe 27 cm
                Standort unbekannt.

220 Krug. Schlanke Walzenform mit breiten Rillenbändern. Zwei Reihen von weißen, innen blau bemalten Rosetten umgeben die Mittelzone, die mit aus Perlen und Blütenauflagen gebildeten Ranken belegt ist. Teilweise blau bemalt. Hellbraune Oberfläche, salzglasiert. Erste Hälfte 18. Jh.
Zinnmontierung.
Höhe 22 cm   1 800,–/2 200,–
Trützschler, Schloß Adlhausen

221 Walzenkrug. Auf der von breiten Rillenbändern umrandeten Mittelzone Reliefdekor: auf der Schauseite ein springendes Pferd in einem von einem Blattkranz umrandeten runden Medaillon, seitlich Blütenzweige. Weißgraue Oberfläche, salzglasiert. Mitte 18. Jh. Zinnmontierung. Höhe ca. 30 cm
Victoria & Albert Museum, London

222 Walzenkrug. Zwischen Rillenbändern zwei Reihen von innen blau bemalten Rosettenauflagen, dazwischen bilden kleine Ringauflagen ein Zickzackmuster. Weißgraue Oberfläche, salzglasiert. Mitte 18. Jh. Zinnmontierung. Höhe 20 cm   **1500,–/2000,–**
Neumeister, München

221

222

223 Krug. Walzenform, oben und unten Bänder mit kräftigen Profilrillen. Die Mittelzone ist mit versetzten Reihen von weißen Rosettenauflagen bedeckt. Hellbraune Oberfläche, salzglasiert. Erste Hälfte 18. Jh. Zinnmontierung. Höhe 21 cm   **1500,–/2000,–**
Trützschler, Schloß Adlhausen

224 Walzenkrug mit glatter Mittelzone zwischen Rillenbändern. Der untere Wandungsteil rotbraun engobiert, oben ockergelbe Oberfläche. Salzglasur. Wohl Rochlitz-Lunzenau, Mitte 18. Jh. Zinnmontierung. Höhe 23,5 cm   **1500,–/2000,–**
Neumeister, München

223

224

Annaberg

Die emailbemalten Humpen und Birnkrüge mit schwarzbraunem Grund, die an Creußener Steinzeug erinnern und oft damit verwechselt wurden, kann man erst seit jüngerer Zeit, vor allem dank der Forschung von J. Horschik[1], als Annaberger Erzeugnisse ausweisen. Zwar wurde schon lange eine »sächsische« Herkunft vermutet, doch nie durch genaue Untersuchungen belegt.

Bei der Annaberger Keramik handelt es sich streng genommen eher um hart gebrannte Irdenware als um Steinzeug, da der poröse Scherben erst durch die Engobe wasserdicht wird. Gerade durch die Braunsteinengobe unterscheiden sich die Annaberger von den Creußener Arbeiten, deren Oberflächenfärbung durch die Salzglasur entsteht.

Um 1630/40 beginnt im erzgebirgischen Annaberg die Herstellung der engobierten Ware. Aus der Anfangszeit sind niedrige Humpen, Tüllenkannen und Schraubflaschen bekannt, die mit Reliefkartuschen, Netzwerk und Akanthusfriesen verziert sind. Vereinzelt ist auch schon Emailbemalung zu finden.

Nach 1650 entstanden zunächst hauptsächlich *Humpen,* die meist leicht konisch sind. Häufig sind sie nur mit Schuppenbändern zwischen Blattfriesen geschmückt, es kommt aber auch eine Vielzahl verschiedener figürlicher Auflagen vor, z. B. Brustbilder von Fürsten und vornehmen, dekolletierten Damen, Ritter mit Schwert, Jagdszenen und christliche Motive. Im letzten Drittel des 17. Jahrhunderts waren *Birnkrüge* besonders beliebt. Auch sie haben meist figürliche Reliefauflagen. Zu den Hauptmotiven, die teilweise auch schon bei den Humpen zu finden sind, zählen: Brustbilder von Fürsten- und Bürgerpaaren, Reiterfiguren, Jagdszenen und religiöse Darstellungen wie das Kruzifix, Passionsgruppen und Christi Auferstehung. Seltener sind Tüllenkannen, kugelige und eiförmige Krüge, Schraubflaschen und Butterdosen.

Die bunten Farben der Emailbemalung treten auf dem schwarzbraunen Grund der Annaberger Arbeiten besonders leuchtend hervor. Die Wirkung wird durch aufgelegtes Gold verstärkt, das allerdings meist im Laufe der Zeit abgerieben wurde. Charakteristisch für Annaberg sind weiße oder gelbe Schlangenlinien, die oft neben den Reliefauflagen aufgemalt sind.

Im 18. Jahrhundert läßt die Produktion nach, die noch entstandenen Birnkrüge und eiförmigen Kannen weisen weder die Ausgewogenheit der Form noch die Sorgfalt des Dekors der Blütezeit im 17. Jahrhundert auf.

[1] J. Horschik, Steinzeug, 1978.

225 Humpen. Gedrungene zylindrische Form, in der Mittelzone vertikales Netzwerk, auf Rand- und Fußwulst Akanthusrelief. Bandhenkel. Schwarzbraun engobiert, mit bunten Emailfarben bemalt und teilweise vergoldet.
Um 1640.
Gravierter Zinndeckel.
Höhe 15 cm   **6000,–/8000,–**
Neumeister, München

226 Humpen, leicht konisch, zwischen Wülsten mit Blattrelief ein schmales Band mit Schuppenmuster. Bandhenkel. Schwarzbraun engobiert, mit bunten Emailfarben bemalt und teilweise vergoldet.
Letztes Drittel 17. Jh.
Zinndeckel und -fußreif.
Höhe 15 cm   **5000,–/6000,–**
Neumeister, München

227 Humpen, ähnlich dem vorigen Beispiel. Die Mittelzone ist hier durch Bemalung mit Schrägstreifen stärker betont.
Letztes Drittel 17. Jh.
Zinndeckel.
Höhe 14 cm   **ca. 6000,–**
Trützschler, Schloß Adlhausen

225

226

227

228

229

230

228 Humpen, zylindrisch. Rand- und Fußwulst mit reliefierten Blattfriesen. Mittelzone mit großem Netzwerk und auf der Schauseite ein kleines rundes Medaillon mit einer Blüte.
Schwarzbraun engobiert, mit bunten Emailfarben bemalt. Geringfügig restauriert.
Um 1670.
Zinndeckel.
Höhe 17 cm   **5000,–/6000,–**
Neumeister, München

229 Humpen, bienenkorbförmig. Zwischen flachen Wülsten mit Blattfriesen breite, reich dekorierte Mittelzone: vorn ein reliefierter Blattkranz mit dem sächsischen Wappen, daneben auf Schuppengrund zwei runde Medaillons mit Stadtarchitektur und einem Einhorn.
Schwarzbraun engobiert, mit bunten Emailfarben bemalt.
Um 1670.
Zinnfußreif und -deckel mit Blumenrelief.
Höhe 17 cm   **ca. 10000,–**
Ehemals Berliner Kunsthandel

230 Humpen, leicht konisch. Wandung mit Reliefdekor: auf der Schauseite eine Blüte in einem runden Lorbeerkranz, seitlich jeweils ein Jäger mit Spieß bei der Sauhatz. Schuppengrund, teilweise sog. Federmalerei.
Schwarzbraun engobiert, mit bunten Emailfarben bemalt und teilweise vergoldet.
Ende 17. Jh.
Zinnfußreif und reliefierter Zinndeckel.
Höhe 17,5 cm   **ca. 8000,–**
Neumeister, München

231 **Humpen,** konisch. Reliefdekor: männliches Brustbild in einem Blattkranz, daneben ruhende Hirsche und Jagdszenen auf Schuppengrund. Sprünge.
Schwarzbraun engobiert, mit bunten Emailfarben bemalt.
Um 1660/80.
Zinndeckel und -fußreif.
Höhe 15,5 cm   **ca. 6000,–**
Ruef, München

232 **Humpen,** leicht konisch. Unter einem Wulstring mit Blattfries und einem Spiralband Reliefdekor: auf der Schauseite das Brustbild eines Brautpaares, seitlich ruhende Hirsche und Jagdszenen auf geschupptem Grund. Auf dem Henkelrücken Maske und Palmette. Unbedeutender Sprung.
Schwarzbraun engobiert, mit bunten Emailfarben bemalt.
Um 1660.
Zinndeckel.
Höhe 20,5 cm   **ca. 10000,–**
A. Krings, Köln

233 **Humpen,** leicht konisch. Auf dem von einem Spiralband begrenzten unteren Wandungsteil Reliefdekor: vorn ein Ritter mit gezücktem Schwert zu Pferd, daneben ruhende Hirsche und Jagdszenen auf Schuppengrund. Darüber zwischen Gurtfurchen ein flacher Wulstring mit Blattfries.
Schwarzbraun engobiert, mit bunten Emailfarben bemalt.
Um 1650/60.
Zinnmontierung.
Höhe 21,3 cm   **über 10000,–**
Ruef, München

231

232

233

235

234 Krug mit hoher zylindrischer Wandung. Reliefdekor: auf der Mittelzone schräge Ringstäbe, Palmblätter und auf der Schauseite ein Reiter mit gezücktem Schwert. Auf den Randzonen Wülste mit Blattfriesen.
Schwarzbraun engobiert, mit bunten Emailfarben bemalt.
Um 1690.
Zinnmontierung.
Höhe 26 cm   8000,–/10000,–
Würzburger Kunsthandel

235 Humpen, konisch. Unter einem Wulstring mit Blattfries Reliefdekor: die biblischen Kundschafter Hosea und Kaleb, daneben große Weintrauben, ein Hirsch und ein Bär. Dazwischen Blumen und Sternornamente.
Schwarzbraun engobiert, mit bunten Emailfarben bemalt und teilweise vergoldet.
Um 1690.
Zinndeckel von Chr. Köhler, Dippoldiswalde, mit Gravur von 1692, einem Hochzeitspaar gewidmet.
Höhe 18,5 cm

Veste Coburg

234

236

236 Kugelbauchkrug. Auf der Wandung vertikale Rippen mit Schuppen- und Grätenmuster. Schwarzbraun engobiert, mit bunten Emailfarben bemalt.
Zweite Hälfte 17. Jh.
Zinndeckel.
Höhe 15 cm   **4000,–/5000,–**
E. Löwe, München

237 Kugelbauchkrug. Auf der Wandung schräge Rippen, die abwechselnd mit schwarzbraun engobierten Schuppen und hellerem Fischgratmuster dekoriert sind.
Um 1660.
Zinnmontierung, auf dem Deckel datiert 1664.
Höhe 14,3 cm
          Museum für Kunst und Gewerbe, Hamburg

238 Tüllenkanne. Sechsseitig abgeflachter eiförmiger Körper mit zylindrischem Hals, Bandhenkel und Röhrenausguß. Reliefdekor: sechs Kartuschen mit Netzwerk, dazwischen Schuppen und Kettenstäbe. Am Hals ein Blattfries, auf Schulter und Ablauf Netzwerk. Schwarzbraun engobiert.
Um 1640/50.
Zinnmontierung.
Höhe 28,5 cm   **ca. 5000,–**
Neumeister, München

239 Tüllenkanne, sechsseitig abgeflacht. Am Hals reliefierter Blattfries, auf dem Bauch Palmetten in rechteckigen Feldern.
Schwarzbraun engobiert, mit bunten Emailfarben bemalt.
Um 1680.
Zinnmontierung.
Höhe 17 cm   **ca. 6000,–**
E. Löwe, München

237

238

239

140

240 Tüllenkanne, sechsseitig abgeflacht. Reliefdekor: auf den sechs, von Ringstäben begrenzten Wandungsseiten männliche und weibliche Brustbilder und große Blüten. Am Hals ein Blattfries, Schulter und Ablauf schräg gekerbt.
Schwarzbraun engobiert, mit bunten Emailfarben bemalt.
Um 1670/80.
Zinndeckel mit Gravur von 1692.
Höhe 24 cm   **ca. 10000,–**
Würzburger Kunsthandel

241 Tüllenkanne. Eiförmiger Körper mit weitem Zylinderhals und Röhrenausguß. Wandung mit großem Netzwerk, auf der Schauseite runde Reserve mit dem kursächsischen Wappen. Am Hals ein Blattfries.
Schwarzbraun engobiert, fünffarbige Emailbemalung.
Um 1660/80.
Zinnmontierung. Höhe 19,9 cm
Museum für Kunst und Gewerbe,
Hamburg

242 Krug, eiförmig. Auf der Wandung Netzmuster, an den Randzonen reliefierte halbe Rosetten. Am Hals ein Blattfries. Schwarzbraun engobiert, mit bunten Emailfarben bemalt.
Um 1670.
Zinnmontierung, Gesamthöhe 28,3 cm
Veste Coburg

141

243

244

243 Birnkrug. Auf der Wandung Schuppenmuster.
Schwarzbraun engobiert.
Um 1720/30.
Zinnmontierung. Höhe 22 cm
　　　　　Museum für Kunst und Gewerbe,
　　　　　　　　　　　　　　Hamburg

244 Birnkrug. Reliefdekor: auf der
Schauseite auf Schuppengrund die
Brustbilder eines höfischen Paares,
darüber Blumen und ein Engelskopf.
Daneben Palmetten und senkrechte
Palmblätter.
Teilweise schwarzbraun engobiert, sonst
kaffeebraune Oberfläche. Etwas be-
schädigt.
Ende 17. Jh.
Zinndeckel.
Höhe 31 cm　　　　　**ca. 5000,–**
Neumeister, München

245 246

245 Birnkrug. Reliefdekor: durch
diagonale Ringketten begrenzte
Schuppenfelder und Palmblätter, große
Palmetten und auf der Schauseite ein
Herrenbrustbild.
Schwarzbraun engobiert, mit bunten
Emailfarben bemalt.
Um 1680.
Zinndeckel.
Höhe 26,5 cm　　　　　**ca. 8000,–**
Neumeister, München

246 Birnkrug. Reliefdekor: Brustbild
eines Paares, Palmetten, schräge Perl-
ketten und Schuppenfelder.
Schwarzbraun engobiert, mit bunten
Emailfarben bemalt. Restauriert.
Ende 17. Jh.
Zinnmontierung.
Höhe 27 cm　　　　　**ca. 6000,–**
Neumeister, München

247 Birnkrug. Schräge, durch Ring-
ketten begrenzte Felder mit Schuppen-
grund und eingeschnittenen Palm-
blättern. Reliefdekor: auf der Schauseite
ein Damen-Brustbild, an Hals und Ablauf
geflügelte Engelsköpfe und Palmetten.
Schwarzbraun engobiert, mit bunten
Emailfarben bemalt.
Um 1670/80.
Zinnmontierung.
Höhe ca. 24 cm   **ca. 10000,–**
Lockner, Würzburg

248 Birnkrug. Reliefdekor: auf der
Schauseite ein Damen-Brustbild, da-
neben Palmetten und diagonale Ring-
stäbe.
Schwarzbraun engobiert, mit bunten
Emailfarben bemalt.
Um 1680.
Zinnmontierung.
Höhe ca. 18 cm   **ca. 10000,–**
Lockner, Würzburg

247/248

249

250

249 Birnkrug. Reliefdekor: auf der
Schauseite ein Jäger mit Hund auf
Schuppengrund. Darüber ein geflügelter
Engelskopf. Diagonale Ringstäbe und
Palmetten.
Schwarz engobiert, mit bunten Email-
farben bemalt.
Um 1680.
Zinnmontierung.
Höhe 26 cm   **8000,–/10000,–**
Trützschler, Schloß Adlhausen

250 Birnkrug. Reliefdekor: auf der
Schauseite Passionsgruppe, durch Ring-
stäbe begrenzte Schuppenfelder,
Palmetten. Gemalte Spiralranken.
Schwarzbraun engobiert, mit vier-
farbiger Emailbemalung und teilweiser
Vergoldung.
Ende 17. Jh.
Zinnmontierung. Gesamthöhe 25,7 cm
Veste Coburg

251 Birnkrug. Reliefdekor: auf der
Schauseite Christi Auferstehung.
Schuppengrund, durch Ringstäbe be-
grenzt. Palmetten.
Schwarzbraun engobiert, mit bunten
Emailfarben bemalt.
Ende 17. Jh.
Zinnmontierung.
Höhe 24 cm   **ca. 8000,–**
Ruef, München

252 Birnkrug. Reliefdekor: auf der Schauseite ein von Ringstäben begrenztes Feld mit kämpfenden Bären. Palmetten und Schuppenfelder. Schwarzbraun engobiert, mit bunten Emailfarben bemalt.
Ende 17. Jh.
Zinnmontierung.
Höhe 24 cm   **ca. 8000,–**
E. Löwe, München

253 Birnkrug. Reliefdekor: auf der Schauseite ein Jäger mit Hund auf Schuppengrund. Darüber und darunter Kirschen. Diagonale Ringstäbe und gemalte Palmblätter.
Schwarzbraun engobiert, mit bunten Emailfarben bemalt.
Um 1670.
Zinnmontierung.
Höhe 25 cm   **ca. 8000,–**
Ruef, München

254 Birnkrug. Reliefdekor: auf der Schauseite der doppelköpfige Reichsadler in Blattkranz, von Ringstäben begrenzter Schuppengrund. Palmetten und gemalte Spiralranken.
Schwarzbraun engobiert, mit bunten Emailfarben bemalt.
Um 1690.
Zinnmontierung.
Höhe 23 cm   **6000,–/8000,–**
Lempertz, Köln

255 Birnkrug. Reliefdekor: auf der Schauseite der Kaiser mit Reichsapfel zu Pferde, durch diagonale Ringstäbe begrenztes Schuppenfeld. Palmetten, gemalte Spiralbänder und stilisierte Früchte.
Schwarzbraun engobiert, mit bunten Emailfarben bemalt.
Ende 17. Jh.
Zinnmontierung.
Höhe 26 cm   **ca. 8000,–**
Lempertz, Köln

252

253

254

255

256

257

258

256 Schraubflasche, vierseitig abge-flacht. Reliefdekor: Brustbilder eines bür-gerlichen Paares und Engelsköpfe zwischen hängenden und stehenden Palmetten.
Schwarzbraun engobiert, mit bunten Emailfarben bemalt.
Ende 17. Jh.
Zinnverschluß mit Schraubdeckel.
Höhe 23 cm   4000,–/5000,–
Zeller, Lindau

257 Schraubflasche. Sechsseitig ab-geflachter eiförmiger Körper. Relief-dekor: von Ring- und Blattstäben einge-faßte sechseckige Felder mit höfischen Brustbildern und Palmetten. Auf der Schulter sechs Blüten. Gemalte Spiral-ranken.
Schwarzbraun engobiert, mit bunten Emailfarben bemalt.
Um 1670/80.
Schraubdeckel aus Zinn (Traggriff fehlt).
Höhe 19 cm   ca. **5000,–**
Ruef, München

258 Schraubflasche. Vierseitig abge-flachter kugeliger Körper. Reliefdekor: in von Ringstäben begrenzten Rauten-feldern große Palmetten, daneben Blumen.
Schwarzbraun engobiert, mit bunten Emailfarben bemalt.
Um 1680.
Zinnfußreif und Zinnverschluß mit Schraubdeckel.
Höhe 18,5 cm   4000,–/5000,–
Ruef, München

F 6 Annaberger Steinzeug

Birnkrug, sogenannter Posamentenkrug, Reliefdekor: am Hals Blattfries mit C-Bögen und hängenden Kreuzblumen, auf der Wandung senkrecht verlaufende Zopfbänder, an denen Rosetten und Fruchtdolden hängen. Schwarzbraun engobiert, mit türkisgrünem Emailgrund überdeckt, die Reliefornamente mit bunter Emailbemalung und teilweise vergoldet. Um 1670/80. Zinnmontierung. Höhe 20 cm ca. 8000,– Sotheby's London

Die seltenen Krüge mit Posamentendekor wurden vermutlich hauptsächlich als Zunftkrüge für die Posamentenmacher (Hersteller von Quasten, Troddeln etc., deren Handwerk in Annaberg große Bedeutung hatte) hergestellt.

Birnkrug. Reliefdekor: zwischen Kirschzweigen auf der Schauseite das Brustbild eines Fürsten auf Schuppengrund. Schwarzbraun engobiert, mit bunten Emailfarben bemalt. Um 1670/80. Zinnmontierung von G. Köhler, Freiberg (1676 Meister). Höhe 22,5 cm 8000,–/10000,– Neumeister, München

259 Doppelhenkel-Schale. Auf der
Wandung großes Schuppenmuster.
Schwarzbraun engobiert, mit bunten
Emailfarben bemalt.
Um 1660/80.
Zinnmontierung von A. Tielemann,
Leipzig (1659 Meister).
Höhe 11 cm   ca. 6000,–
Würzburger Kunsthandel

*Schalen dieser Form werden meist als
Butterdosen bezeichnet und gehören zu
den seltenen Formstücken unter den
Annaberger Erzeugnissen.*

260 Doppelhenkel-Schale. Relief-
dekor: zwischen Palmetten Brust-
bildnisse eines Bürgerpaares.
Schwarzbraun engobiert, mit bunten
Emailfarben bemalt und teilweise ver-
goldet.
Um 1670.
Höhe 11 cm   6000,–/8000,–
Würzburger Kunsthandel

Freiberg

In der erzgebirgischen Stadt Freiberg wurde nur im 17. Jahrhundert Steinzeug hergestellt. Die meisten bekannten Arbeiten entstanden zwischen 1630 und 1700. Bedingt durch die relativ kurze Produktionszeit ist Freiberger Steinzeug entsprechend selten.

Bis ungefähr 1660 wurden die Gefäße wie in Annaberg mit Braunstein schwarzbraun engobiert. Die mit aufgelegten Rollwerkkartuschen, Netzwerk und Blattfriesen geschmückten niedrigen Humpen, Schraubflaschen und eiförmigen Krüge aus der Zeit vor 1650 haben große Ähnlichkeit mit Creußener und Annaberger Steinzeugen. Der Reliefdekor wurde danach von Kerbschnitt- und Stempelornamenten abgelöst. Die Gefäße erhielten feines Netzwerk, eingeschnittene Rosetten und Blattornamente und kleine aufgelegte Löwen- und Engelsköpfe. Kleine Rosetten, Blätter und Blüten wurden mit Stempeln eingedrückt, die auch die Henkelrücken zieren. Dieser Stempelschmuck der Henkel ist nur bei Freiberger Steinzeug zu finden.

Nach 1660 wandte man sich dem Reduktionsbrand zu und stellte graues Steinzeug her, das für Freiberg besonders charakteristisch ist. Die schon von den engobierten Gefäßen bekannten Dekortechniken und -motive wurden beibehalten, unter den Gefäßformen tritt der Birnkrug nun häufiger in Erscheinung, hinzu kommen kugelige Krüge und Tüllenkannen. Viele der grauen Gefäße erhielten Emailbemalung und Vergoldung. Meist ist die Bemalung mehrfarbig, bei einfacheren Krügen beschränkt sie sich auf die Farben Blau und Weiß oder Schwarz und Weiß. Im 19. Jahrhundert hielt man das Freiberger emailbemalte Steinzeug für Creußener Arbeiten. Um die schwarz-weiß dekorierten Krüge bildete sich die Legende, sie wären in Creußen den Trauerfeierlichkeiten vorbehalten gewesen. Die Bezeichnung »Trauerkrüge«, die auch in die Keramik-Literatur einging, hielt sich lange.

Auf relativ vielen Freiberger Krügen sind die prächtigen Originaldeckel aus Zinn erhalten, die mit Blumen in nachziseliertem Reliefguß verziert sind. Diese Deckel stammen aus der Werkstatt des Freiberger Zinngießers S. Günther. Der Zinnforscher E. Hintze stellte als erster das häufige Vorkommen von Deckeln mit Freiberger Marken auf den grauen, emailbemalten Krügen fest und vermutete den Ursprung von Steinzeug und Zinndeckeln in derselben Stadt. Die Bedeutung der auf den grau gebrannten Freiberger Arbeiten vorkommenden eingestempelten Bodenmarken ist noch ungeklärt.

F 7 Freiberger Steinzeug

Oben: Krug, eiförmig. In ovalen Feldern feines Netzwerk, zwischen eingeschnittenen Palmetten aufgelegte Engelsköpfe. Daneben eingeritzte Ranken und gestempelte Ornamente. Auf dem Boden Knospenstempel. Emailbemalung in schwarz und weiß mit Resten von Vergoldung.
Um 1660/70.
Zinndeckel mit Reliefdekor von S. Günther, Freiberg.
Höhe 22 cm   8000,–/10000,–
Sotheby's, London

Links: Birnkrug. Mit feinem Netzwerk, aufgelegten Engelsköpfen zwischen eingeschnittenen Palmetten, gestempelten Ornamenten und vier Rosetten mit Federmalerei.
Mehrfarbige Emailbemalung, teilweise vergoldet.
Um 1670/90.
Zinndeckel mit Reliefdekor in der Art von S. Günther, Freiberg.
Höhe 25 cm   8000,–/10000,–
Sotheby's London

150

261   Kugelbauchkrug. Auf der
Wandung feines Netzwerk, drei einge-
schnittene Kreuzrosetten und schmale
senkrechte Bänder mit gestempelten
Rosetten. Auf Schulter und Ablauf
Reihen von eingeschnittenen Palmetten.
Hellgraue Oberfläche, salzglasiert,
Emailbemalung in Schwarz und Grau.
Um 1670/80.
Zinndeckel.
Höhe 16 cm   **ca. 4000,–**
Ruzek, Stuttgart

262   Humpen, konisch. Auf der Mittel-
zone zehn Kreisfelder mit Netzwerk, in
den Zwickeln gestempelte Blüten. Die
Randzonen mit gestempelten Blüten in
Kerbschnitt-Rauten.
Hellgraue Oberfläche, salzglasiert.
Emailbemalung in den Farben Gelb,
Weiß, Schwarz und Gold.
Um 1660.
Zinndeckel von E. Jahn, Marienberg
(2. Hälfte 17. Jh.).
Höhe 10,8 cm
            Museum für Kunst und Gewerbe,
                                    Hamburg

261

262

264

263   Birnkrug. Auf der Wandung feines Netzwerk, senkrechte Streifen mit gestempelten Ringen und eine waagrechte Reihe von Rosetten mit sog. Federmalerei. Auf Hals und Ablauf eingeschnittene Palmetten, dazwischen kleine aufgelegte Engelsköpfe.
Graue Oberfläche, salzglasiert. Mehrfarbige Emailbemalung, teilweise vergoldet.
Um 1690/1700.
Zinndeckel.
Höhe 25 cm   6000,–/8000,–
Ruef, München

264   Krug. Hohe, leicht konische Form. Auf der Mittelzone zehn ovale Felder mit Netzwerk zwischen zwei Reihen von eingeschnittenen Rauten und aufgelegten Engelsköpfen. Die Randzonen mit gestempelten Blattornamenten in ovalen, mit dem Radstempel gebildeten Feldern. Graue Oberfläche, salzglasiert. Emailbemalung in den Farben Weiß, Blau und Violett.
Um 1680/90.
Zinndeckel mit Barockblumen in Reliefguß von S. Günther, Freiberg.
Höhe 17,7 cm
                Museum für Kunst und Gewerbe,
                                Hamburg

263

Muskau

In Muskau, einer kleinen Stadt in der Oberlausitz an der Neiße, arbeiteten dank vorzüglicher Tonlager schon früh zahlreiche Töpfereien. Auch in den benachbarten Orten Triebel und Teuplitz stellten Töpferwerkstätten Steinzeug her. Es ist nicht leicht, die Erzeugnisse der drei Städte auseinanderzuhalten, da es noch nicht genügend gesicherte Grabungsfunde gibt. Der Begriff Muskauer Steinzeug steht deshalb oft für die gesamte Lausitzer Ware.

Kennzeichen des Lausitzer Steinzeugs, das seine Blütezeit im 17. Jahrhundert hatte, ist vor allem die Gestaltung des Ablaufs der Gefäße. Der untere Wandungsteil zeigt fast immer senkrechten oder schrägen Kerbschnitt. Die Henkel haben rechteckigen oder ovalen Querschnitt. Die wichtigsten Gefäßformen sind: ei- und birnförmige Krüge, Tüllenkannen, sechs- und achtseitige Schraubflaschen und Fäßchen. Außerordentlich vielfältig sind die Dekorationsarten und Oberflächenfärbungen der Lausitzer Arbeiten.

Seit ungefähr 1640 wurde im Reduktionsbrand graues Steinzeug hergestellt. Die mit Netzmustern und kleinen Reliefauflagen in Form von Löwenköpfen und Beerennoppen sowie mit gestempelten Rosetten geschmückten Gefäße (hauptsächlich eiförmige Krüge und Schraubflaschen) erhielten Bemalung mit Kobaltblau, die oft fast die gesamte Wandung bedeckt.

Birnkrüge und Schraubflaschen aus dem späten 17. Jahrhundert haben eingeschnittene pflanzliche Ornamente mit kobaltblauer und manganvioletter Bemalung. Bei Stücken dieser Art kommen auch größere Reliefauflagen (z. B. mit der Passionsgruppe) vor.

Aus der zweiten Hälfte des 17. Jahrhunderts stammen schwarzbraun engobierte Krüge und Schraubflaschen, die vermutlich in der Werkstatt eines aus Freiberg nach Muskau zugewanderten Töpfers entstanden. Die seltenen, mit Reliefauflagen verzierten Krüge erhielten nach 1670 Bemalung mit Emailfarben, die vom Töpfer ausgeführt wurde und nicht die Präzision des Dekors des Annaberger und Freiberger Steinzeugs erreichte.

Ende des 17. Jahrhunderts wurde in Muskau wieder Steinzeug mit brauner Oberfläche (im Oxydationsbrand) hergestellt, während in Triebel und Teuplitz vermutlich weiterhin die graue Ware bevorzugt wurde. Dekoriert wurden die Gefäße seit ungefähr 1680 mit eingeritzten Barockranken und Wappen. Zur Bemalung wurde schwarzbrauner Glasurlehm verwendet. Im 18. Jahrhundert wurden auch aufgelegte Ranken, Stempelornamente und das Eindrücken von Quarzsplittern üblich. Die braune Ware mit Lehmglasur wurde für die Muskauer Produktion bis in das späte 19. Jahrhundert kennzeichnend. Krüge dieser Art, deren Dekor im späten 18. und im 19. Jahrhundert zunehmend einfacher wurde, kommen heute noch relativ häufig im Handel vor.

265

266

267

265 Krug, eiförmig. Dekor: von kleinen gestempelten Rosetten begrenzte runde und spitzovale Felder mit Netzwerk, in den Zwickeln und am Hals größere Rosetten. Schräg gekerbter Ablauf.
Graue Oberfläche mit Salzglasur, kobaltblaue Teilbemalung.
Um 1635/45.
Zinnmontierung mit Deckelgravur von 1647. Höhe 17 cm
Museum f. Kunst u. Gewerbe,
Hamburg

266 Krug, zylindrisch, leicht konisch. Dekor: auf der Mittelzone von gestempelten Ringen begrenzte runde Felder mit Netzwerk, in den Zwickeln Frauenmasken; an den Rändern Doppelreihen von aufgelegten Löwenköpfen.
Graue Oberfläche mit Salzglasur, kobaltblaue Teilbemalung.
Um 1660.
Zinndeckel mit Gravur von 1663, Zinnfußreif.
Höhe 20 cm   **3500,–/4500,–**
Ruef, München

267 Schraubflasche, eiförmig, vierseitig abgeflacht. Dekoriert mit Netzwerk, gestempelten Rosetten und aufgesetzten Noppen. Schräg gekerbter Ablauf.
Graue Oberfläche mit Salzglasur und blauer Bemalung, die Noppen sind z. T. farbig bemalt.
2. Hälfte 17. Jh.
Zinnschraubverschluß ohne Traggriff.
Höhe 20 cm   **2500,–/3500,–**
Slg. Dr. Wiedner, Karlsruhe

F 8 Krug, eiförmig. Zwischen Friesen mit kleinen aufgesetzten Masken durch Halbkreise und Kreissegmente gegliedertes Netzwerk und Frauenmasken. Gestempelte Rosetten. Schräg gekerbter Ablauf.
Graue Oberfläche mit Salzglasur, fast deckende kobaltblaue Bemalung.
Um 1660/80.
Flämischer Silberdeckel mit getriebenem Dekor aus dem 17. Jh.
Höhe 25,2 cm **ca. 6000,–**
Sotheby's, London

Birnkrug. Reliefdekor auf Netzgrund: stehender Kavalier und Dame, durch eine Blütenstaude getrennt. Am Hals ein Fries mit Weintrauben und Engelsköpfen. Unter der Mündung und auf dem Ablauf gestempelte Ornamente. Schwarzbraun engobiert, Emailbemalung in den Farben Weiß, Blau, Grün und Gelb.
Um 1670/80.
  ca. 6000,–
Trützschler, Schloß Adlhausen

Krug, eiförmig. Auf feinem Netzgrund eingeritztes, glattflächiges Rankenmuster mit herzförmigen Blättern, auf der Schauseite ein Granatapfel. Schräg gekerbter Ablauf.
Braune Oberfläche mit Salzglasur, die Ranken schwarzbraun engobiert.
Um 1680/1700.
Zinnmontierung mit Marken (vermutlich Frankenstein), Deckelgravur von 1709.
Höhe 26,5 cm **3500,–/4200,–**
Aichele, Stuttgart

Birnkrug. Auf Netzgrund eingeritzte Ranken mit zwei hängenden und einer stehenden Blüte. Fast senkrecht gekerbter Ablauf.
Rostbraune Oberfläche mit Salzglasur, die Ranken mit dunkel-kobaltblauer (teilweise fast schwarzer) Bemalung.
Um 1680.
Zinndeckel aus dem 18. Jh., Zinnfußreif.
Höhe 28,5 cm **4000,–/4500,–**
Aichele, Stuttgart

268

269

270/270a

268 Krug, schlank eiförmig. Reich dekoriert mit aufgesetzten Beerennoppen, gestempelten Ring- und U-Ornamenten und kreuzgekämmten Kreisen in rechteckigen Feldern.
Graue Oberfläche mit Salzglasur und deckender Kobaltbemalung.
Um 1650/60.
Zinndeckel mit Gravur von 1687 und Zinnfußreif. Höhe 25 cm
Stadtmuseum Muskau

269 Birnkrug. Dekor: zwischen zwei Friesen mit aufgesetzten Masken drei Kreise mit Netzwerk, daneben Beerennoppen und gestempelte Ringe und Rosetten. Schräg gekerbter Ablauf.
Graue Oberfläche mit Salzglasur.
Um 1660.
Zinnmontierung. Höhe 25 cm
Metropolitan Museum,
New York

270 Birnkrug. In drei Rundbögen Netzgrund, Reliefdekor: auf der Schauseite großes stehendes Liebespaar, seitlich Glockenblumen, außerdem Engelsköpfe. Auf dem Umbruch gestempelte Rosetten, der Ablauf senkrecht geritzt.
Schwarzbraun engobiert, Emailbemalung in den Farben Weiß, Blau, Grün und Gelb.
Um 1670/80.
Späterer Zinndeckel. Höhe 25,7 cm
Museum für angewandte Kunst,
Wien

271 Birnkrug. Zwischen zwei Bändern mit gestempelten Doppelringen geritzte stilisierte Blumen auf Netzgrund. Schräg gekerbter Ablauf.
Graue Oberfläche mit Salzglasur, kobaltblaue Bemalung.
Ende 17. Jh.
Zinndeckel mit Gravur von 1696.
Höhe 25 cm **ca. 4000,–**
Trützschler, Schloß Adlhausen

272 Birnkrug. Zwischen zwei Bändern mit verschiedenen gestempelten Rosetten Reliefauflagen der Passionsgruppe und eingeritzte Blumen auf Netzgrund. Schräg gekerbter Ablauf.
Graue Oberfläche, salzglasiert, Bemalung mit Kobaltblau und bräunlichem Manganviolett.
Um 1680.
Zinndeckel.
Höhe 26 cm **ca. 4000,–**
Privatbesitz

271

272

273 Birnkrug. Zwischen zwei Bändern mit gestempelten Ornamenten eingeschnittene stilisierte florale Motive mit schraffierten Innenflächen. Auf der Schauseite aufgelegtes Kruzifix. Schräg gekerbter Ablauf.
Graue Oberfläche mit Salzglasur, kobaltblaue und manganviolette Bemalung.
Um 1680.
Höhe 28 cm **ca. 3000,–**
Ehemals Münchener Kunsthandel

274 Birnkrug. In drei durch waagrechte Bänder geteilten Feldern geritzte Ranken auf Netzgrund. Schräg gekerbter Ablauf.
Braune Oberfläche mit Salzglasur, teilweise schwarzbraun engobiert.
Um 1680/90.
Zinndeckel und -fußreif.
Höhe 27 cm **3500,–/4000,–**
Ehemals Berliner Kunsthandel

273

274

275

275 Fäßchen auf vier kleinen gedrückten Kugelfüßen. Auf kreuzgekämmtem Grund große Blüten und Ranken. An den Seiten Sterne.
Braunes Steinzeug mit Salzglasur, der Rankendekor schwarzbraun engobiert.
Um 1670.
Zinn-Schraubverschluß. Länge 19 cm
Kunstgewerbemuseum Köln

276   277

276 Birnkrug. Zwischen zwei Friesen mit kleinen Löwenmasken Reliefauflagen der Passionsgruppe. Schräg gekerbter Ablauf.
Graue Oberfläche mit Salzglasur, deckende Kobaltbemalung.
Um 1670/80.
Zinnmontierung. Höhe 26 cm
Märkisches Museum, Berlin

277 Walzenkrug. Auf Netzgrund geritztes sächsisches Wappen flankiert von Barockranken mit Blüten.
Braunes Steinzeug mit Salzglasur, geritzte Ornamente schwarzbraun engobiert.
18. Jh.
Zinndeckel mit beschädigtem Deckeldrücker.
Höhe 22 cm   **1500,–/2500,–**
Kunsthaus am Museum, Köln

278 Krug, eiförmig. Auf Schuppengrund eingeritzte Ranken. Schräg gekerbter Ablauf.
Braunes Steinzeug mit Salzglasur, die Ranken schwarzbraun engobiert.
Anfang 18. Jh.
Henkel aus Zinn ergänzt, Zinndeckel.
Höhe 31 cm   ca. 1500,–
Zeller, Lindau

279 Tüllenkanne, eiförmig mit Röhrenausguß. Dekor: auf der Wandung Feldereinteilung durch senkrechte Bänder, gestempelte Rosetten umgeben von gekerbten Wellenbändern, gestempelte Ringe. Schräg gekerbter Ablauf.
Braune Oberfläche mit Salzglasur, teilweise schwarzbraun engobiert.
Um 1720/30.
Zinnmontierung. Höhe 24 cm   3500,–/4500,–
Privatbesitz

280 Schraubflasche, eiförmig, sechsseitig abgeflacht. Dekor: senkrechte Bänder, gestempelte Rosetten, eingekerbte Wellenbänder. Schräg gekerbter Ablauf.
Braune Oberfläche mit Salzglasur, teilweise schwarzbraun engobiert.
Anfang 18. Jh.
Zinn-Schraubverschluß. Höhe 32,5 cm
Volkskundliches Museum Prag

281 Krug, gedrungene Birnform mit weitem Hals. Auf Netzgrund aufgelegte Muschelornamente, Fadenranken und Perlen. Braune Oberfläche mit Salzglasur, Auflagen schwarzbraun engobiert.
Um 1760/80.
Zinnmontierung. Höhe 18,5 cm
Západočeského-Museum Pilsen

282 Krug, eiförmig. Auf dem oberen Wandungsteil aufgelegte Spiralranken mit eingedrückten Quarzkörnchen zwischen Schrägstreifen; aufgestochener Grund. Fast senkrecht gekerbter Ablauf.
Braune, salzglasierte Oberfläche, die Auflagen schwarzbraun engobiert.
Um 1780/90.
Zinndeckel.
Höhe 33 cm   **2000,–/2500,–**
Dr. Nagel, Stuttgart

283 Tüllenkanne, eiförmig mit Röhrenausguß und Zylinderhals. Aufgelegter Dekor: Fadenranken mit Blüten und Eicheln, am Hals Blütensterne. Untere Wandungshälfte fast senkrecht gekerbt.
Braune Oberfläche mit Salzglasur, Auflagen schwarzbraun engobiert.
Um 1800.
Zinnmontierung.
Höhe ca. 30 cm   **1500,–/2000,–**
Ehemals Münchener Kunsthandel

284 Krug, eiförmig mit Zylinderhals.
Sparsamer Dekor: Zwischen senkrechten Bändern zwei Felder mit aufgelegten Fadenranken mit Blüten, kreuzgekämmter Grund. Unterer Wandungsteil fast senkrecht gekerbt.
Braune Oberfläche mit Salzglasur, Auflagen schwarzbraun engobiert.
Um 1840.
Zinndeckel.
Höhe 20 cm   **800,–/1200,–**
Ruef, München

282

283   284

285 **Schraubflasche,** sechsseitig abgeflacht. An den Wandungskanten säulenartige Tau-Auflagen, die in Engelsköpfen enden. In den Feldern Reliefmedaillons und geritzte Barockblumen. Auf Schulter und Umbruch Bänder mit geritzten Ranken auf Netzgrund. Umrandungen aus eingelegten Quarzsplittern. Schräg gekerbter Ablauf. Graue Oberfläche mit Salzglasur, kobaltblaue Bemalung.
Muskau-Triebel, um 1720.
Zinn-Schraubverschluß. Höhe 28 cm
Kunstindustrimuseet, Kopenhagen

Bunzlau

In Bunzlau, einer Stadt in Niederschlesien, heute zu Polen gehörend, wurde von alters her getöpfert. Aufzeichnungen aus dem 16. Jahrhundert besagen, daß zu dieser Zeit in der »Stadt des guten Tons«, wie Bunzlau genannt wurde, eine Töpferinnung mit fünf Meistern bestand. Die Bunzlauer Ware kann man streng genommen nicht zum Steinzeug zählen, sie nimmt eine Mittelstellung zwischen hartgebrannter Irdenware und Steinzeug ein. Da der bei 1 200-1 300⁰ gebrannte Ton nicht vollkommen sinterte und keine Salzglasur bildete, erhielten die Bunzlauer Arbeiten eine Lehmglasur. In benachbarten Orten, vor allem in Naumburg am Queis wurde gleiche braunglasierte Keramik hergestellt, Bunzlau kann daher als Zentrum eines Töpfergebiets gelten, dessen Erzeugnisse noch nicht genau getrennt werden können.

Vor der Mitte des 17. Jahrhunderts entstanden kugelige Krüge und Schraubflaschen, deren Reliefauflagen von einer braunen, manchmal auch kobaltblau oder mangangviolett eingefärbten Lehmglasur bedeckt sind. Etwas später wurden feine, unglasierte Reliefornamente aufgelegt, die sich hell von der lehmglasierten Wandung abheben.

Im späten 17. Jahrhundert entstanden die ersten *Melonenkrüge,* die bis ungefähr 1750 hergestellt wurden und zu den typischsten und bekanntesten Bunzlauer Erzeugnissen zählen. Die Wandungen der kugeligen und später eiförmigen Krüge wurden nur durch senkrechte ode schräge Rippen, die von innen herausgedrückt wurden, geschmückt.

Im 18. Jahrhundert wurden neben eiförmigen Krügen, die mit Reliefauflagen aus elfenbeinfarbenem Ton belegt sind vor allem *Kaffeekannen* hergestellt, die ebenso dekoriert wurden. Die Bunzlauer Keramik eignet sich im Gegensatz zu den echten Steinzeugarten zur Aufnahme von heißen Flüssigkeiten, da sie gegenüber raschen Temperaturwechseln unempfindlich ist.

Um 1800 gingen von der preußischen Regierung Bestrebungen aus, die Bunzlauer Produktion in ihrer Formgebung dem Zeitstil anzupassen, um gegenüber den Porzellan- und Steingutmanufakturen konkurrenzfähig zu bleiben. Aus der Werkstatt des Johann Gottlieb Altmann sind Geschirrteile, besonders Tassen, erhalten, die den Porzellanformen der Empirezeit entsprechen.

Im 19. Jahrhundert arbeitete in Naumburg am Queis ein Töpfermeister, der seine reich verzierten Arbeiten teilweise signierte. Dadurch ist für eine Reihe von Keramiken die Naumburger Herkunft gesichert.

286

287

288

286 Schraubflasche, eiförmig, sechsseitig abgeflacht. Ovale Felder mit Netzwerk in reliefierter Blattumrandung, auf den Kanten Engelsköpfe zwischen langen Blättern. Auf der Schulter Schriftband: »SEVERIN MERGO PASTOR BOLESLAVIENSIS«. Schräg gekerbter Ablauf.
Braune Lehmglasur.
Um 1650.
Zinn-Schraubverschluß. Höhe 22,5 cm
   Narodowe-Muzeum Wroclaw (Breslau)

Diese Schraubflasche gilt als älteste, aufgrund der Inschrift gesicherte und ungefähr datierbare Arbeit aus Bunzlauer Steinzeug. S. Mergo hielt 1640 in Bunzlau (lat.: Boleslavia) seine Antrittspredigt.

287 Schraubflasche, eiförmig, sechsseitig abgeflacht. Reliefdekor: Rosetten in runden Blattkränzen, auf den Kanten Engelsköpfe zwischen langen Blättern. Auf der Schulter Winkelmuster, Ablauf schräg gekerbt.
Kobaltblau gefärbte Lehmglasur.
Um 1650/60.
Zinnmontierung mit Marken von J. Schwartz, Greiffenberg.
Höhe 26 cm   **ca. 4500,–**
Slg. Dr. H. Langer, Zell am Moos

288 Schraubflasche, eiförmig, sechsseitig abgeflacht. Reliefdekor: große Blüten zwischen Taustäben mit Blütenenden, auf der Schulter Rosetten. Senkrecht gekerbter Ablauf.
Schwarzbraune Lehmglasur, die Auflagen farbig bemalt.
Um 1650.
Zinnmontierung mit Gravur von 1675.
Höhe 25 cm   **ca. 5000,–**
Rasmussen, Kopenhagen

289

289 Krug, kugelförmig, fünfseitig abgeflacht, Zylinderhals. Reicher Reliefdekor: Wappen in runden Blattkränzen, Rosetten zwischen kleinen Sternen, zwei Friese mit Blattwerk auf dem Hals. Dunkelbraune Lehmglasur, die Auflagen hellgelb.
Um 1650/60.
Zinndeckel. Höhe 21 cm

Privatbesitz

290 Krug, eiförmig, zylindrischer Hals mit Profilrillen. Aufgelegter Reliefdekor: auf der Schauseite bekrönter Reichsadler, seitlich große Blütenstengel und Weintrauben.
Braune Lehmglasur, helle, unglasierte Auflagen.
Um 1770/80.
Zinnmontierung.
Höhe 31 cm   **3500,–/4000,–**
v. Negelein, Kiel

290

165

291 Krug, sogenannter Melonenkrug mit gestreckt kugel-
förmigem Körper. Auf der Wandung schräge Rippen, darunter
längliche Buckel.
Braune Lehmglasur.
Anfang 18. Jh.
Zinnmontierung. Höhe 26 cm   3000,–/3500,–
v. Negelein, Kiel

292 Krug (Melonenkrug), eiförmig. Auf der Wandung schräge
Rippen, darunter kleine Rundbuckel.
Braune Lehmglasur.
Mitte 18. Jh.
Zinndeckel mit Gravur von 1774.
Höhe 30 cm   2000,–/2500,–
Zeller, Lindau

166

293 Schraubflasche, eiförmig, sechsseitig abgeflacht. Glatte Wandung.
Braune Lehmglasur.
1. Hälfte 18. Jh.
Zinnmontierung. Höhe 22,5 cm   **ca. 2000,–**
Ruef, München

294 Humpen, niedrige Zylinderform. Glatte Wandung.
Braune Lehmglasur.
1. Hälfte 18. Jh.
Zinnmontierung. Höhe 20 cm   **ca. 2000,–**
Ruef, München

295

296

297

298

295 Krug, eiförmig mit hohem Zylinderhals. Reliefdekor: Reichsadler, darunter Blütenstengel.
Braune Lehmglasur, helle, unglasierte Auflagen.
2. Hälfte 18. Jh.
Zinnmontierung.
Höhe 33 cm   3000,–/4000,–
Trützschler, Schloß Adlhausen

296 Krug, eiförmig mit Zylinderhals. Reliefdekor: auf der Schauseite das Stadtwappen von Bunzlau, seitlich Blütenstengel.
Braune Lehmglasur, helle, unglasierte Auflagen.
Zweite Hälfte 18. Jh.
Zinndeckel. Höhe 30 cm
          Ehemals städt. Museum Bunzlau

297 Krug, schlank eiförmig, Zylinderhals. Reliefdekor: auf der Schauseite preußischer Adler mit Trophäen zwischen zwei Sternen und Palmzweigen. Seitlich Blütenstengel.
Braune Lehmglasur, helle, unglasierte Auflagen.
Zweite Hälfte 18. Jh.
Zinnmontierung.
Höhe 34 cm   3000,–/3500,–
Neumeister, München

298 Krug, eiförmig mit Zylinderhals. Reliefdekor: auf der Schauseite das Agnus Dei, darunter eine Glockenblume. Seitlich Stengel mit Weintrauben.
Braune Lehmglasur, weiße, unglasierte Auflagen.
Zweite Hälfte 18. Jh.
Zinndeckel mit Gravur von 1797.
Höhe 31 cm   3000,–/4000,–
Dr. Nagel, Stuttgart

299 Doppelhenkeltopf. Reliefdekor: bekrönte Schere (Zunftzeichen der Schneider), rückseitig Initialen, Blütenstengel.
Braune Lehmglasur, helle, unglasierte Auflagen.
Datiert 1754.
    Slaskie Muzeum, Wroclaw (Breslau)

300 Zwei Milchkännchen, eiförmig, fünfseitig abgeflacht, Zylinderhals mit langem, gekniffenem Ausguß. Reliefdekor: ovale Medaillons mit dem preußischen Adler und den Initialen Friedrichs des Großen. Seitlich Blütenstengel.
Braune Lehmglasur, weiße, unglasierte Auflagen. Reste kalter Bemalung.
Um 1770/80.
Höhe ca. 20 cm   **je 1500,–/2000,–**
Ehemals Slg. Dr. Strauß, München

299

300/300a

169

301 Kanne, schlank eiförmig mit abgeplatteter Standfläche, Trichterhals mit gekniffenem Ausguß. Reliefdekor: bekrönter preußischer Adler mit aufgemaltem Monogramm F. R. (für Fridericus Rex), dicht umgeben von Blattstengeln.
Braune Lehmglasur, helle, unglasierte Auflagen.
Datiert 1768.
Zinndeckel. Höhe ca. 18 cm

Ehemals städt. Museum Bunzlau

302 Kaffeekanne, schlank eiförmig, Trichterhals mit gekniffenem Ausguß. Reliefdekor: auf der Schauseite von Palmzweigen umrahmtes kursächsisches Wappen, darüber große Krone zwischen zwei Vögeln. Seitlich Blütenstengel.
Braune Lehmglasur, helle, unglasierte Auflagen mit kalter, farbiger Bemalung.
Um 1750/70.
Höhe 23 cm

Victoria & Albert Museum, London

303 Kännchen, birnförmig mit Ausguß-
schnauze, Deckel mit scheibenförmigem
Knauf. Reliefdekor: auf der Schauseite
unter Schleifen und Girlanden ovales
Medaillon mit Herrenbrustbild (Friedrich
Wilhelm III. ?).
Braune Lehmglasur, helle, unglasierte
Auflagen.
Um 1780.
Höhe ca. 16 cm
        Ehemals städt. Museum Bunzlau

304 Walzenkrug. Schlanke Zylinder-
form mit Profilringen. Reliefdekor: auf
der Schauseite Wappen, seitlich Blüten-
stengel.
Braune Lehmglasur, weiße, unglasierte
Auflagen.
Zweite Hälfte 18. Jh.
Zinndeckel.
Höhe 19 cm   **1500,–/2000,–**
Ruef, München

305 Teller. Reliefdekor: im Spiegel
Kruzifix, auf der Fahne vier Hähne
zwischen Blütenzweigen.
Braune Lehmglasur, helle, unglasierte
Auflagen.
Naumburg am Queis, 2. Hälfte 18. Jh.
Ø 23 cm
                        Privatbesitz

303   304

305

306

307

308

306 Teekanne, gedrückt eiförmig mit seitlichem Röhrenausguß und Bandhenkel. Deckel mit Scheibenknauf. Aufgelegte Blütenstengel.
Braune Lehmglasur, helle, unglasierte Auflagen.
Ende 18. Jh.
Höhe ca. 15 cm

Slaskie Muzeum, Wroclaw (Breslau)

307 Kaffeekanne. Bauchige Birnform mit Schnabelausguß, flacher Deckel mit Scheibenknauf. Aufgelegte ruhende Hirsche und Blätter.
Braune Lehmglasur, weiße, unglasierte Auflagen.
Anfang 19. Jh.
Höhe 24 cm

Museum für deutsche Volkskunde,
Berlin-Dahlem

308 Kaffeekanne. Unten ausladende Birnform mit abgeplatteter Standfläche, Trichterhals mit gekniffenem Ausguß. Auf der Schauseite Reliefdekor: von Rosetten umrahmte Reserve mit dem Agnus Dei, darüber zweizeiliger Spruch, darunter Besitzername.
Braune Lehmglasur, helle, unglasierte Auflagen.
Naumburg am Queis, datiert 1846.
Höhe 20 cm   1000,–/1500,–
Ehemals Münchener Kunsthandel

309 **Teekanne** im Empirestil. Braune Lehmglasur, Fuß, Henkel, Ausguß und Deckelknauf weiß glasiert.
Töpferei J. G. Altmann, Anfang 19. Jh.
Höhe ca. 12 cm   **800,–/1200,–**
Ehemals Slg. Dr. Strauß, München

310 **Tasse** im Empirestil, Braune Lehmglasur, Fuß, Henkel, Innen- und Schauseite mit weißer Feldspatglasur.
Töpferei J. G. Altmann, um 1830.
    ca. 800,–
Ehemals Slg. Dr. Strauß, München

311 **Henkelkrug,** zylindrisch. In der Wandungsmitte breiter, weiß glasierter Fries mit antikisierenden Figuren. Fuß-ring, Henkel und Innenseite ebenfalls weiß glasiert, daneben braune Lehm-glasur.
Töpferei J. G. Altmann, um 1820/30.
    ca. 1500,–
Slg. Dr. Wiedner, Karlsruhe

312 **Tasse** im Empirestil. Teilweise braune Lehmglasur, vorne weiß glasierte Reliefauflage einer antikisierenden allegorischen Figur (Flora ?).
Töpferei J. G. Altmann, um 1820/30.
    ca. 1000,–
Ehemals Slg. Dr. Strauß, München

313 **Topf** mit Reliefauflagen: Jäger mit Hund, große Frauenköpfe.
Braune Lehmglasur, helle Auflagen. (Deckel fehlt).
Erste Hälfte 19. Jh.
    Ehemals städt. Museum Bunzlau

309   310

311

312   313

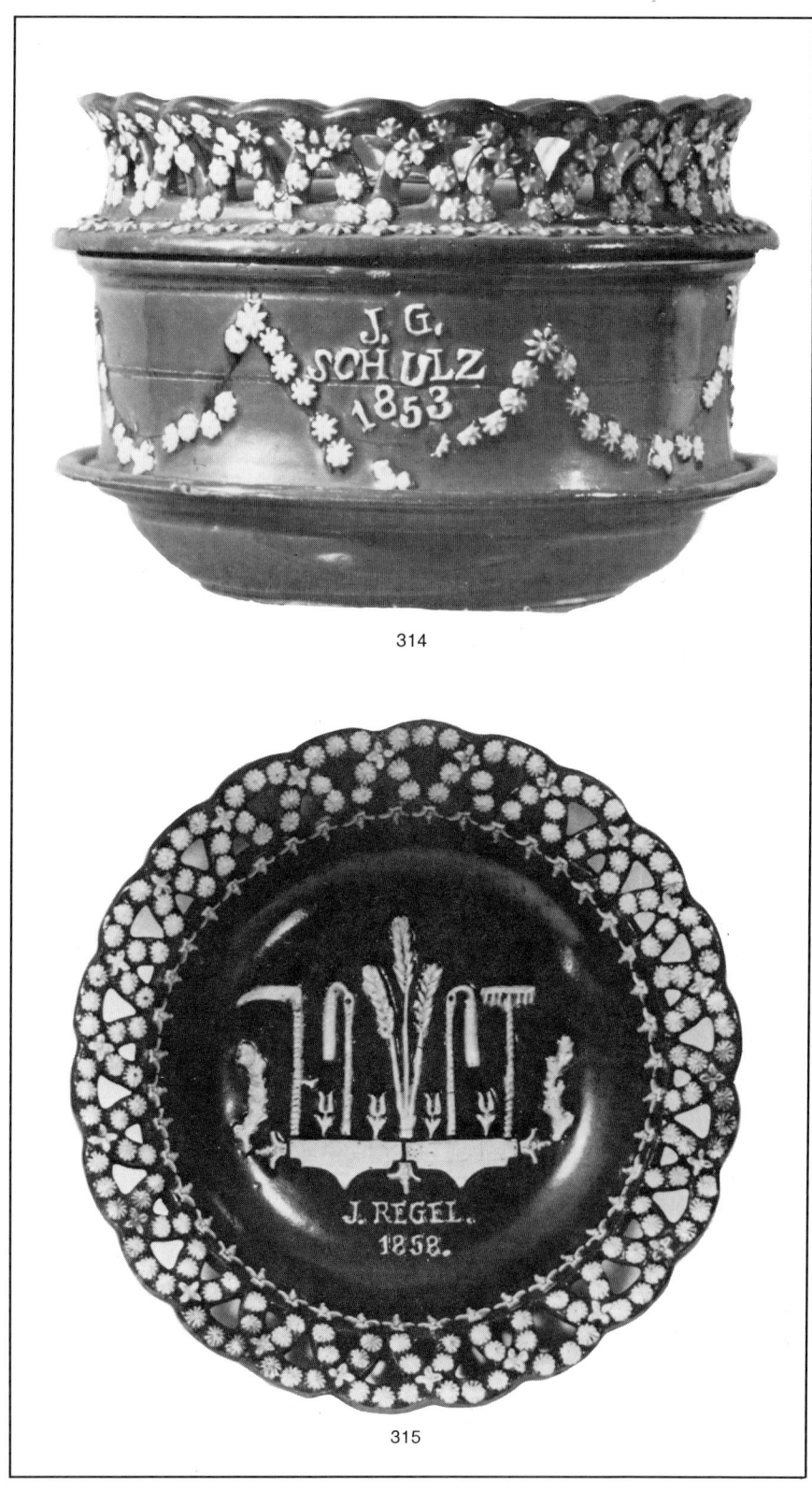

314

315

314 Deckeltopf, auf dem Deckel
durchbrochener Rand. Aufgelegte
Blüten und ein Besitzername.
Braune Lehmglasur, helle, unglasierte
Auflagen.
Naumburg am Queis, datiert 1853.
Slaskie Muzeum,
Wroclaw (Breslau)

315 Teller mit gebogtem Rand und
durchbrochener Fahne. Reliefdekor: im
Spiegel Ernte-Symbole und Besitzer-
name, auf der Fahne Blütenornamente.
Braune Lehmglasur, weiße unglasierte
Auflagen.
Naumburg am Queis, datiert 1858.
Slaskie Muzeum,
Wroclaw (Breslau)

174

GALERIE KOLLER

Rämistraße 8 · 8024 Zürich · Telefon (01) 475040 · Telex 58500

OFENKACHELFÜLLUNG mit der Darstellung
eines Hauptmanns. Ton 17. Jh. 22 x 13 cm

BEDEUTENDE AUKTIONEN
MAI/JUNI · OKTOBER/NOVEMBER

Wir versteigern: Bedeutende Gemälde 17.–20 Jh., moderne Grafik, Helvetica, Zinn, Möbel,
Uhren, Teppiche, Porzellane, Fayencen, Silber, Waffen, bedeutende Juwelen, Asiatica

Spiegelbild des Kunstgeschehens einst und jetzt

die Kunst
und
das schöne Heim

Seit fast 100 Jahren die führende Zeitschrift für den Kunstfreund und Sammler

Alte Kunst — Neue Kunst — Ostasiatica — Kunsthandwerk — Graphik — Architektur
Alte und neue Wohnkultur — Kunst- und Antiquitätenmessen — Ausstellungen:
das sind nur einige der Themen, über die Mitarbeiter aus aller Welt in jedem Heft der Zeitschrift
Fundiertes, Kenntnisreiches aussagen in Form von Berichten, Kommentaren, Analysen und monographischen Beiträgen. Sie vermitteln damit Kennern, Freunden, Fachleuten, Interessenten, Liebhabern aller Kunstrichtungen objektive Information und meinungsbildende Interpretation, immer unterstützt durch exzellente, zum großen Teil farbig gedruckte Bildwiedergaben. Bitte fordern Sie ein kostenloses Probeheft an.

Kostbarkeiten - eine Buchreihe für Kenner und Liebhaber

AURUM   Geschichte und Geschichten um Gold
Von Ulla Stöver. 68 Seiten mit 24 Farbtafeln und 16 ein- und mehrfarbigen Textabbildungen. Im Anhang ein Verzeichnis der berühmtesten Goldsammlungen sowie ein ausführliches Literaturverzeichnis.

MON BIJOU   Geschichte und Geschichten um Schmuck
Von Ulla Stöver. 72 Seiten mit 25 Farbtafeln und 19 ein- und mehrfarbigen Textabbildungen. Im Anhang ein Epilog vom Nutzen und Wert des Schmuckes sowie ein praktischer Ratgeber »Was man über Edelsteine wissen sollte«.

ALLE KRONEN DIESER WELT
Von Heinz Biehn. 68 Seiten mit 14 Farbtafeln und 21 ein- und mehrfarbigen Textabbildungen sowie einem Literaturverzeichnis im Anhang.

SIKA AMAPA   Gold aus Afrika
Von Ernst Haaf. 72 Seiten mit 10 Farbtafeln und 24 großteils mehrfarbigen Textabbildungen. Eine Aufstellung der bedeutendsten Sammlungen von Goldgewichten sowie ein Literaturverzeichnis im Anhang.

LE COUVERT   Geschichte und Geschichten um Tafelsilber
Von Ulla Stöver. 64 Seiten mit 17 Farbtafeln und 29 ein- und mehrfarbigen Textabbildungen sowie einem Literaturverzeichnis im Anhang.

WEISSES GOLD   aus dem Fernen Osten
Von Rainer Kreissl. 64 Seiten mit 13 Farbtafeln und 29 ein- und mehrfarbigen Textabbildungen. Im Anhang eine Zeittafel der chinesischen Dynastien und Perioden seit der T'ANG-Dynastie sowie ein ausführliches Literaturverzeichnis.

EMAIL   Kunst aus dem Feuer
Von Ulla Stöver. 68 Seiten mit 12 Farbtafeln und 38 ein- und mehrfarbigen Textabbildungen sowie einem Literaturverzeichnis im Anhang.

GOLD GEHÖRTE ZUR PALETTE
Mittelalterliche Buchmalerei
Von Anni Wagner. 64 Seiten mit 17 Farbtafeln und 26 ein- und mehrfarbigen Textabbildungen. Im Anhang eine Erklärung der Fachausdrücke sowie ein ausführliches Literaturverzeichnis.

VITRUM   Geschichte und Geschichten um Glas
Von Hans Denis. 68 Seiten mit 24 Farbtafeln und 10 ein- und mehrfarbigen Textabbildungen. Im Anhang eine Erklärung der Fachausdrücke sowie ein ausführliches Literaturverzeichnis.

RUSSISCHE IKONEN
Lebendige Vergangenheit
Von Jörgen Schmidt-Voigt. 68 Seiten mit 25 Farbtafeln und 27 ein- und mehrfarbigen Textabbildungen. Erklärung der ikonographischen Fachausdrücke und Literaturverzeichnis im Anhang.

HAB EIN KOSTBAR GUT ERFLEHT
Ein Essay über Votivmalerei
Von Wilhelm Theopold. 64 Seiten mit 19 Farbtafeln und 40 ein- und mehrfarbigen Textabbildungen.

NOSTALGIE IN ZINN
Zinnfiguren einst und heute
Von Theodor Nasemann. 68 Seiten mit 25 Farbtafeln und 14 ein- und mehrfarbigen Textabbildungen. Ein Verzeichnis von Museen und Schlössern mit Zinnfiguren-Exponaten, Adressen nationaler Gesellschaften der Zinnfiguren-Sammler sowie ein Literaturverzeichnis und eine Erklärung von Fachausdrücken im Anhang.

Die Reihe wird fortgesetzt — demnächst erscheint:
Ernst Günther Grimme
ABGLANZ DES EWIGEN
Mittelalterliche Goldschmiedekunst

Jeder Band im Format 14,8×20,5 cm; Ganzleinen mit Goldprägung und mehrfarbigem Schutzumschlag DM 12,80.
Alle Titel sind im Buchhandel erhältlich.

VERLAG KARL THIEMIG · POSTFACH 90 07 40 · 8000 MÜNCHEN 90

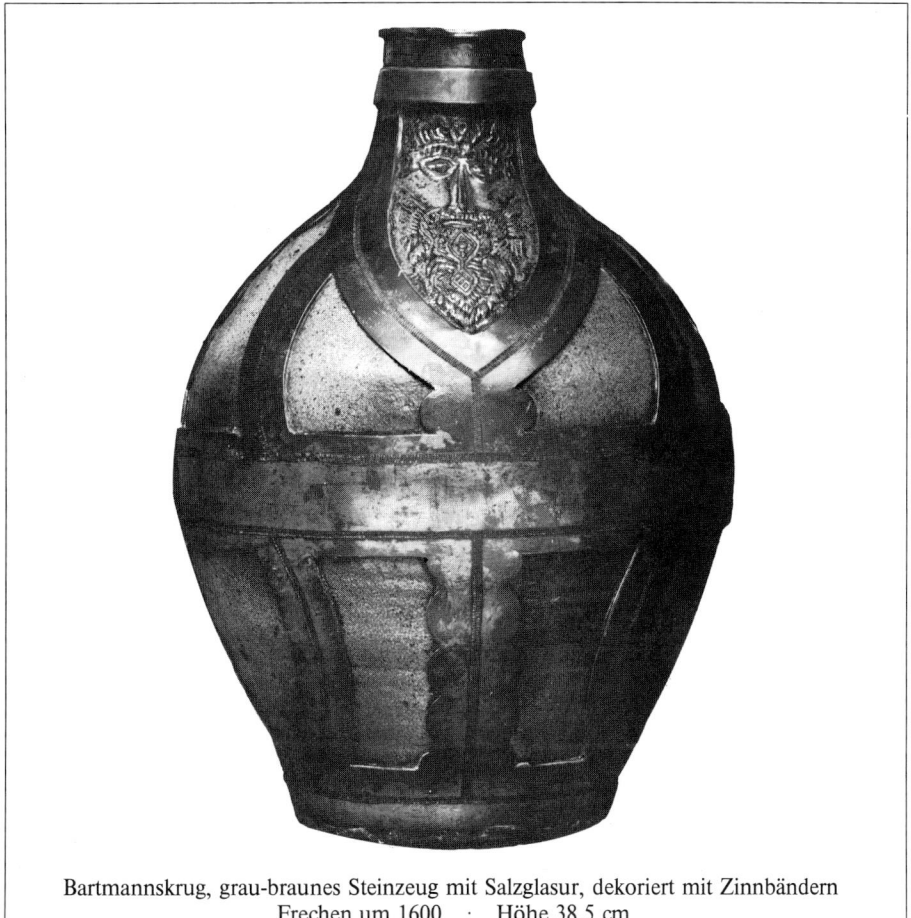

KUNSTHAUS AM MUSEUM

CAROLA VAN HAM

DRUSUSGASSE 1-5 · 5 KÖLN · RUF 0221/238137 und 237541

KUNSTVERSTEIGERUNGEN
VERKAUFSAUSSTELLUNGEN
ANKAUF – VERKAUF

Frechen, um 1600

Bartmannskrüge
Frechen, 2. Hälfte 16. Jh.

Frechen, um 1600

Regelmäßig Kunstauktionen
im März, Juni, Oktober und November

Angebote jederzeit erwünscht
Besichtigung und Beurteilung nach Vereinbarung
Katalog auf Anfrage